国家出版基金项目
NATIONAL PUBLICATION FOUNDATION

"十四五"国家重点图书出版规划项目
国家出版基金资助项目

乡村振兴与城乡融合发展

赵晓峰 李卓 等 ◇著

中国乡村振兴
前沿问题研究
丛书

丛书主编◇李小云
执行主编◇左　停

湖南人民出版社·长沙

本作品中文简体版权由湖南人民出版社所有。
未经许可，不得翻印。

图书在版编目（CIP）数据

乡村振兴与城乡融合发展 / 赵晓峰等著. --长沙：湖南人民出版社，2023.10
（中国乡村振兴前沿问题研究丛书 / 李小云主编）
ISBN 978-7-5561-2880-8

Ⅰ. ①乡… Ⅱ. ①赵… Ⅲ. ①农村—社会主义建设—研究—中国 ②城乡建设—经济发展—研究—中国 Ⅳ. ①F320.3 ②F299.21

中国国家版本馆CIP数据核字（2023）第161676号

XIANGCUN ZHENXING YU CHENGXIANG RONGHE FAZHAN
乡村振兴与城乡融合发展

丛书主编	李小云
执行主编	左　停
本册著者	赵晓峰　李　卓　等
策划编辑	黎红霞　欧阳臻莹
责任编辑	黎红霞　夏文欢
装帧设计	许婷怡
责任校对	张轻霓

出版发行	湖南人民出版社［http://www.hnppp.com］
地　　址	长沙市营盘东路3号
电　　话	0731-82683346
邮　　编	410005

印　　刷	长沙鸿发印务实业有限公司
版　　次	2023年10月第1版
印　　次	2023年10月第1次印刷
开　　本	710 mm×1000 mm　1/16
印　　张	13.75
字　　数	220千字
书　　号	ISBN 978-7-5561-2880-8
定　　价	70.00元

营销电话：0731-82221529（如发现印装质量问题请与出版社调换）

总 序

在中国式现代化进程中
全面推进乡村振兴理论与实践创新研究

党的十九大明确提出实施乡村振兴战略，并将其作为构建社会主义市场经济体系的六大方面之一。2018年，《中共中央 国务院关于实施乡村振兴战略的意见》明确了实施乡村振兴战略的指导思想、目标任务和基本原则，进一步明确了乡村振兴战略实施路线图。乡村振兴战略是中国乡村发展实践总结出来的新思想、新模式、新路径，是党的农业农村工作的总抓手，是针对我国农业、农村、农民的特点提出的具有中国特色的乡村发展道路。

习近平总书记强调："从中华民族伟大复兴战略全局看，民族要复兴，乡村必振兴。"我们已经实现从解决温饱、摆脱贫困到全面小康的历史性跨越，但城乡发展不平衡、农村发展不充分仍然是社会主要矛盾的突出体现。农业农村这个短板能不能补上，是现代化进程中必须处理好的重大问题，关系到社会主义现代化建设的成效，也关系到共同富裕的成效，迫切需要坚持农业现代化与农村现代化一体设计、一并推进，走中国特色乡村振兴道路。

全面推进乡村振兴是新发展阶段乡村发展工作重心的历史性转移。乡村振兴是全域、全员、全方位的振兴，涉及乡村产业、人才、文化、生态、组织振兴诸多方面，对象更广、范围更宽、要求更高、难度更大，是一项中长期的任务，最终目标是全面实现农业农村现代化，实现农业强、农民富、农村美，"全面实施乡村振兴战略的深度、广度、难度都不亚于脱贫攻坚"，需要系统谋划、有序推进。

全面推进乡村振兴也是构建新发展格局的需要。随着经济社会的发展，农业多种功能、乡村多元价值越来越得以彰显，全面推进乡村振兴也是挖掘农村内需潜力、畅通城乡大循环、构建新发展格局的重要举措。扩大内需，培育完整内需体系，农村有着广阔的增量空间。农民收入水平提升、农村社会事业发展，会释放出巨量的投资和消费需求。加快拓展和畅通国内大循环，就需要充分挖掘农村内需潜力，推动乡村振兴和城市更新"双轮驱动"，进一步增强产业链供应链韧性。

全面推进乡村振兴还是应变局、开新局的关键之举。习近平总书记强调："从世界百年未有之大变局看，稳住农业基本盘、守好'三农'基础是应变局、开新局的'压舱石'。"改革开放以来，我们创造出的经济快速发展、社会长期稳定这"两个奇迹"，一个很重要的因素就是保持"三农"的稳定发展。2020年以来，应对新冠疫情和部分地区严重自然灾害冲击，我国粮食和重要农副产品供给充裕，农村社会保持和谐安定，对保持经济社会稳定发展功不可没。当前，外部形势复杂变化，不稳定性不确定性日益增加，需要通过乡村振兴实现农业农村稳定发展，赢得应对风险挑战的战略主动和回旋余地。

全面推进乡村振兴更是中国式现代化进程的一个部分，面临很多理论、政策和实践问题。当前的乡村振兴战略，一方面是全球现代化特别是新中国以来国家农业农村现代化战略和实践的一个部分，另一方面又有鲜明的时代特征，面临其他国家、其他时期所没有的问题和挑战。乡村振兴战略需要随着实践的深化而加大研究总结力度。比如，不同类型地区的乡村振兴类型是否有差别；在城镇化大背景下，农村的人口尤其是年轻人还在继续减少，乡村振兴如何实现；在推进乡村振兴产业发展过程中，如何兼顾产业发展的规模集聚效益；如何推进乡村治理体系的创新，有效地保证乡村振兴战略的实施；如何在保证国家生态安全和粮食安全前提下，通过乡村振兴实现农民生活富裕的目标；等等。这些来自实践中的诸多疑问要求我们更加科学、准确地回答关于乡村振兴的实质或内涵到底是什么，需要在更深的层次从多维视角对我国乡村振兴研究的现状、热点和前沿进行更深入的思考和研究。

为此，三年前，湖南人民出版社和中国农业大学国家乡村振兴研究院商量，计划联合学术同仁对当前全面推进乡村振兴所面临的一些迫切需要思考的理论实践问题开展研究，并撰写出版这套《中国乡村振兴前沿问题研究丛书》，以期为更深入开展乡村振兴研究提供重要参考和建议。经过几个方面的努力，现在这套丛书终于付梓。

《中国乡村振兴前沿问题研究丛书》坚持问题导向、国际视野和前沿性，强化实地调查、案例研究和统计分析，在中外乡村发展理论大视野下，力求对当前的乡村振兴理论进行深刻理解和阐释，致力于回应乡村振兴战略和政策实践的现实需要。《中国乡村振兴前沿问题研究丛书》也对代表性的乡村振兴案例进行生动呈现。丛书共七卷，主要的内容包括国家现代化进程与乡村振兴战略、巩固拓展脱贫攻坚成果与乡村振兴有效衔接、乡村产业振兴与乡村功能拓展、乡村振兴与乡村人才建设、乡村振兴与民生保障、乡村组织振兴与新时代乡村治理、乡村振兴与城乡融合发展。丛书各卷编撰都由相关领域的一线专家担纲，这些专家对相关问题有充分的研究积累。

我们需要从全球现代化进程和中国农业农村发展的大历史的视角理解中国乡村振兴战略提出的必然性，理解中国乡村振兴的本质属性，并在此基础上构思解决中国农业、农村、农民发展各类问题的路径框架。《国家现代化进程与乡村振兴战略》系统地分析和阐释乡村振兴战略提出与形成的国际国内背景、基本内涵、重要内容、实施体系和重大意义；针对农村改革与发展中迫切需要解决的问题，诸如农村土地流转、农村组织与制度、农产品生产与流通、乡村建设与发展、城镇化、农村金融、贫困与脱贫攻坚、农村社会、农村法治、乡村治理等进行论述，聚焦"三农"领域的新做法、新经验；总结评估乡村振兴战略从顶层设计到基层落实的实践现状、主要做法、经验和模式。

脱贫攻坚和乡村振兴既是局部和全局的关系，也是不同发展阶段的关系。脱贫攻坚为乡村振兴提供了现实基础；乡村振兴也能为减贫创造长期的有利的政策氛围，为减贫发挥经济上的牵引作用，可以提升社会托底的水平，为减贫建立新的标杆，也为长期的反贫困提供新的治理和发展的资源和力量。巩固拓展脱贫攻坚成果与乡村振兴相衔接既是当下的问题，也是一个长期问题，涉及实现包容性、益贫性的社会经济发展模式和公共政策体系。《巩固拓展脱贫攻坚成果与乡村振兴有效衔接》就做好脱贫攻坚与乡村振兴有效衔接需要把握和厘清的二者的深刻内涵和内在逻辑关系，两大战略协同推进、平稳过渡的政策着力点、关键路径、机制构建以及实施重点、难点等做了分析阐释，对脱贫攻坚已形成的经验和项目如何主流化、常态化、机制化嵌入到乡村振兴战略进行了展望和讨论。

乡村振兴战略不仅应重视传统农业的发展，还应拓展乡村产业发展的新的方向，也就是对乡村新的产业功能的拓展。《乡村产业振兴与乡村功能拓展》从夯实农业生产能力基础、加快农业转型升级、提高粮食等农产品质量安全、建立现代农业经营体系、强化农业科技支撑、完善农业支持保护制度、推动农村产业深度融合、完善紧密型利益联结机制、激发农村创新创业活力等方面进行了阐释；同时，本卷还着眼于未来乡村产业发展，探讨了深化改革、拓展农村的新功能，通过构建新的乡村产业体系和新农业，为实现"农业强""农民富"创造前提。

乡村振兴离不开乡村人才振兴，乡村振兴需要一批新农人。《乡村振兴与乡村人才建设》从城乡融合的视角，对乡村人才队伍建设，特别是农业经营管理人才（农业职业经理人）、新型职业农民、农业科技人才、农村电商人才、乡村人才挖掘、乡村教育体系、乡村人才培养机制等方面作了详细阐释，就如何创新人才培育、引进、使用、激励体制进行分析和论证，旨在为激励各类人才在农村广阔天地大施所能、大展才华、大显身手，打造一支懂农业、爱农村、爱农民的强大的乡村振兴人才队伍提供具体指导。

乡村振兴战略的出发点和立足点都是人的发展、人民福祉的改善，特别是生活在乡村中的农民。农民的生活富裕是乡村振兴的最重要目标，也是中国现代化的特色和本色。《乡村振兴与民生保障》从政治、社会和经济维度对乡村振兴民生保障的目标、重点、意义和基本框架进行了系统性的阐释。乡村振兴应该为农民提供生态宜居的家园，提供基本的民生保障。乡村是一个人类生态系统，乡村振兴的过程应该包括人类生态系统的优化、功能化。乡村系统不仅能够传承乡村传统文化，更重要的要为乡村文化文明的新发展提供沃土。要把乡村文化和乡村生态系统融合起来，打造乡村居民生态宜居的家园。要加强改善乡村福利、加强乡村社会服务体系建设，发展乡村养老等服务功能。

组织振兴是乡村振兴的核心，《乡村组织振兴与新时代乡村治理》紧紧抓住组织振兴这一乡村振兴的"牛鼻子"，从组织振兴的意义、乡村治理的历史演变与时代要求以及如何构建新时代乡村治理体系等方面进行深入阐述，剖析了构建新时代乡村治理体系所面临的难题和困境，提供了打造服务型政府、建设村民自治组织、推进乡村法治建设、提升乡村德治水平、壮大乡村集体经济组织等措施和方法，为实现乡村各类组织的全面振兴提出相应的政策路径。组织振兴还要积极考虑数字治理技术在乡村的推进应用，打破数字鸿沟、实现数字超车，提升乡村组织治理能力和水平。

乡村振兴需要在城乡融合发展的大格局下予以推进。作为面向2050年国家现代化进程一部分的乡村振兴战略，也需要嵌入到国家社会经济发展的宏大框架中，与城镇化等"四化"统筹的战略相配合。城乡融合是推进乡村振兴战略的重要路径之一，只有通过城乡融合，才能实现资源在城乡之间的优化配置。城乡基本公共服务均等化是推进城乡融合的目标和主要指标，基本服务均等化也是提升乡村能力、改善乡村居民福利的重要方面，也是乡村产业发展的平台。《乡村振兴与城乡融合发展》力图从理论上建构新型工农城乡关系的框架，从实践层面回应城乡融合的政策和措施手段。

丛书尽可能针对乡村振兴需要思考的理论与实践问题进行系统的梳理和研究，提出了很多有建设性的意见和建议，为我国乡村振兴的学术研究提供了前沿观点与资料储备，也提出了需要学界和业界进一步探索的问题。我们希望丛书的出版有利于乡村振兴研究和实践工作的开展。

习近平总书记强调，全面建设社会主义现代化国家，既要有城市现代化，也要有农业农村现代化。要在推动乡村全面振兴上下更大功夫，推动乡村经济、乡村法治、乡村文化、乡村治理、乡村生态、乡村党建全面强起来，让乡亲们的生活芝麻开花节节高。乡村振兴涉及的领域十分丰富，需要研究探索的问题也很繁杂。本丛书的研究编写历经了三年的时间，其间，国内外的形势发生变化，乡村振兴战略的推进也在不断深化，丛书可能没有完全反映相关领域的最新进展，也希望得到各界的批评指教。

李小云

2023年8月

目录

第一章
乡村振兴与城乡融合发展：历史追溯与时代主题

- 003 · 一、中华人民共和国成立以来至改革开放前的城乡关系与乡村发展
- 009 · 二、改革开放至党的十六大之前的乡村发展新模式
- 016 · 三、党的十六大至十七大时期的社会主义新农村建设
- 026 · 四、新时代下乡村发展与城乡融合态势

第二章
探索与创新：城镇化与城乡融合发展

- 043 · 一、国际城镇化发展及其对农村发展的影响
- 054 · 二、中国城镇化与城乡融合的探索历程
- 064 · 三、中国城镇化与城乡融合的创新机制
- 070 · 四、创新探索：城市乡村化与乡村城镇化

第三章

城乡基本公共服务均等化与差别化：城乡融合发展的重点领域

079 · 一、城乡基本公共服务供给的变迁及历史趋势
084 · 二、乡村基本公共服务差别化及现实表现
096 · 三、城乡基本公共服务差异化的制度性成因
106 · 四、城乡基本公共服务均等化的优化机制

第四章

互动与互嵌：城乡融合发展的政策框架

117 · 一、城乡要素合理配置的政策机制
135 · 二、城乡基本公共服务普惠共享的政策机制
142 · 三、建立健全城乡基础设施一体化发展的政策机制
145 · 四、建立健全乡村经济多元化发展的政策机制
153 · 五、建立健全农民收入持续增长的政策机制

第五章
权利、公平与效率：城乡融合视角下乡村振兴战略的优化

- 162 · 一、权利：以城乡融合促进发展成果由人民共享
- 168 · 二、公平：加快破除阻碍城乡融合发展的制度障碍
- 174 · 三、效率：发挥市场在城乡资源配置中的决定作用
- 179 · 四、以城乡融合发展助力乡村振兴

第六章
结语与展望

- 191 · **参考文献**
- 201 · **后记**

第一章

乡村振兴与城乡融合发展：历史追溯与时代主题

我国是一个以农立国的大国，拥有上千年的农耕文明。近代以来，世界格局发生了巨大变化，机器大工业促进了世界现代化的进程，也催生了工业化与城市化的发展，列强入侵、军阀混战、天灾人祸等破坏了我国原生的、有机式的农村经济与城乡发展模式，导致其接近崩溃的边缘。20世纪初，梁漱溟、晏阳初、费孝通等知识分子在救亡图存的社会背景下，在"救济农村""建设农村""复兴农村"的口号中进行乡村建设运动，力图通过改良主义缓解国内矛盾，促进乡村发展。一些企图依附于旧政权进行乡村建设与发展的知识分子，只能进行渐进式的改良，难以实现根本性的社会改造，未触及农村问题的根本，也在一定程度上脱离了社会发展的基础，只能落得知识分子"动"而农民"不动"的局面。费孝通的乡村工业化发展思想虽然是在我国传统人多地少的基本矛盾、农工相辅的历史传统与特定的历史背景下推动我国工业化的路径选择，但由于战争与历史背景等原因没有形成有力开展的时空条件，而这一历史重任也由中国共产党在革命中逐步完成。中国共产党通过大刀阔斧的土地改革等重要的制度革命，将乡村发展与城乡融合发展推进到一个新的历史阶段。

中华人民共和国成立至改革开放前的城乡关系呈现出"城乡分治"的二元对立样态。这一时期，在毛泽东等中央领导人的领导下，针对新中国成立初期的情况作出了精确的判断与定位，通过合作社运动、"一化三改"等途径促进了新中国成立初期工农业的发展，实现了国民经济的快速恢复与发展，虽然这一阶段工业化的发展是以暂时牺牲农业的方式实现，但这也是在顺应新中国成立初期具体国情的基础上做出的精准发展策略。这一阶段工业化的发展为后期工业反哺农业、城市反哺乡村奠定了坚实的物质基础与组织保障。随着改革开放浪潮的掀起，国家逐渐转变传统汲取农业剩余资源、过度干预人口流动等限制政策，顺应时代发展的潮流，重新定位并调整了我国的城乡关系。这一阶段，城乡二元分割的结构逐渐松动。十六大后，乡村的发展进入新阶段，特别是21世纪后，中央做出建设社会主义新农村的重大决定，通过取消农业税、大力完善支农惠农政策等措施助力乡村建设，实现城乡统筹一体化发展，努力推动"工业反哺农业，城市支持乡村"。进入新时代以来，为进一步巩固与拓展精准扶贫成效，国家提出"乡村振兴"战略，将乡村发展与城乡融合提升到国家发展的战略高度。由此可见，在不同的历史背景下，国家对农村发展、乡村建设、城乡融合提出了不同的见解与实践，这为今后我国乡村发展与城乡融合发展提供了宝贵的思想财富。

一、中华人民共和国成立以来至改革开放前的城乡关系与乡村发展

中华人民共和国的成立开辟了我国历史的新纪元，标志着一百多年被侵略、奴役、屈辱的历史的结束与独立自主的开启，中国人民从此站起来了。新中国成立初期，百废待兴，国家急需在这一关键时刻迅速恢复国民经济，得到世界人民的认可。在中国共产党的领导下，以革命的手段大刀阔斧地推进土地改革，实现了人民群众"耕者有其田"的理想，也促进了我国农业的快速恢复与发展，为工业化的发展奠定了坚实的制度保障。随着工业化浪潮的持续推动，加快推进国家工业体系建设也成为必然选择，因此，1953年在我国第一个五年计划中提出"优先发展重工业"的发展思想，而"一五"计划的完成也成功实现了国民经济的快速增长，并为我国的工业化奠定了初步的基础。"以农促工"的发展格局决定了这一时期农村发展的价值定位，农村在较大程度上为

工业发展提供了资本积累，逐渐形成了"城乡二元"格局，而农业的生产与壮大是实现工业化的必要前提。在当时的国情与发展诉求下，优先发展工业也为后期工业反哺农业、城市反哺乡村奠定了坚实的物质基础与组织保障。尽管这一时期国家着重发展工业，但也在一定程度上促进了农村地区相关领域的发展与建设。

（一）城乡二元分治的制度设计

中华人民共和国成立初期，重工业的基础十分有限，在资本极其短缺的情况下，城市无法吸纳大量劳动力，而"大跃进"运动使大量人口涌入城市。"三年时间，城镇人口增加了2352万人，达到13073万人，平均每年增长784万人"（刘维奇等，2014）。农村劳动力的减少不仅使农产品产量急剧下滑，也对城市管理造成了很大压力。因而，1958年中共中央出台《中华人民共和国户口登记条例》，正式确立了城乡二元分割的户籍制度。这一城乡二元户籍制度的颁布实施，不仅从类型化的视角将我国国民分为市民和农民两种类型，也从自然空间、社会空间、时间安排等多方面将城乡分割开来。

第一，自然空间的分割。城乡二元户籍制度的颁布实施，加剧了城市和农村的自然空间在行政上被人为割裂的境况，农村的土地大多用于种植和养殖，而城市的土地则大多用于工业化生产、重工业的发展和建设。较之城市，农村多为原始状态下的自然景观，而城市多为工业化、现代化需求下的人为环境。

第二，社会空间的分割。户籍制度的颁布实施使农民长期生活在农村从事第一产业，市民长期生活在城市从事第二产业和第三产业，农民与市民的互动交往几乎为零。城市长期以来主要发展工业，随着中国重工业的发展、工业产品的增加及对外交流的频繁，城市的日常生活节奏与农村逐渐差异化。比起城市发展的日新月异及市民见闻的日益增多，农村依旧是传统的农村，农民依旧是"面朝黄土背朝天"的乡下人，对城里人引以为傲的工业化、现代化知之甚少，这也造成了市民和农民长期的社会地位、权利等方面的差异。且长期以来在城市和农村实行差异化建设计划，也造成了农民长期以来政治话语权等福利待遇的缺失。

第三，时间安排的分割。农作物的种植有季节性，农民遵循着地方农作物的种植规律，春播秋收或一年两季种植。农忙时终日劳作，农闲时与街坊邻里共同打发时间。即使农忙时期，也遵循着"日出而作、日落而息"的时间安排，在时间安排上拥有着较大的自主性。相比于农村，城市工业化的发展、城市现代制度体系的运作，在一定程度上不允许个体有自主安排的时间，市民的时间安排需要严格遵守科层制下的规则，城市对于市民的时间规训程度要远高于农村。

（二）城乡二元分治结构的逐步形成

国民经济恢复时期虽取得了诸多成效，但仍不足以应对国内外的各项压力。建国前三年出台的系列政策虽然在一定程度上促进了工农产业的发展，但对比西方国家，我国的工业产业、军事力量还有待提升。在现代历史的进程中，工业化的积累主要有两条路径——外在型积累和内在型积累。外在型积累是通过攫取非本国劳动力、自然资源、经济资源等发展本国工业，如，以英法等国为代表的资本主义国家通过抢占殖民地的方式完成工业积累，从殖民地攫取低价原材料，制成工业成品后以高价倾销至殖民地，这种高额利润的赚取促进了本国的工业积累；内在型积累是通过集中国内资源并充分利用国内市场实现工业积累的方式，如，苏联在其发展初期通过社会主义革命消灭了资本主义工业，集中农业资源发展国内重工业并在国内市场销售，从而形成农业与工业、农村与城市间的循环。我国作为后发型国家，只能借鉴内在型积累的社会主义国家，结合本国实际探索工业化的积累方式。

中华人民共和国成立以后，土地改革的进行使得粮食产量逐年递增，但工业发展所需的粮食因重工业优先发展的方针大幅增加，国家所需征购的粮食远多于税收征收的粮食。"一五"计划开始时，工业化发展需要700多亿斤粮食，而粮食税只能解决270余亿斤，这就意味着我们还需要收购近430亿斤（上一年度实际收购243亿斤）。这一时期，我国停止了城市的粮食进口，因而粮食只能从农民手中征用，但私人粮商的竞争性使得国家难以低价从农民手中收购粮食。因此，1953年，国家开始对棉花和粮食进行统购，农民出于逐利心态，减少了国家统购农作物的生产，转而投向了国家还没有加以限制的农产品。1954年，出于工业化积累的目标，国家将统购范围扩大到肉类、油料等所有产品，并把这些农产品按照统一计划定量出售给城市人口。1955年，中共中央出台了《农村粮食统购统销暂行办法》和《市镇粮食定量供应暂行办法》，正式确立了有关统购统销政策的相关执行方法。农民在交够国家所需粮食的基础上自行解决口粮问题，城市则按户分等级定量供应。

  统购统销政策的实施是在牺牲农民、农村的基础上，大力支持、推进、发展国家工业化进程。统购统销政策的存在，一方面，使工业、农业产品价格的剪刀差不断扩大。自1953年实施统购统销政策至改革开放前，我国农产品的商品价值被不断压缩，而工业产品的商品价值一直被高估。1978年，工农产品价格的剪刀差比1955年扩大了44.65%，达到了364亿元，相对量上升到25.5%（严瑞珍等，1990）；另一方面，阻碍了工农产品的自由流通。国家行政力量的干预，使工业、农业等生产要素无法通过市场作用合理流通，造成市场对经济生活的调节失效，同时，行政力量的干预使得农民的生产积极性严重受挫，很大程度上阻碍了农业的长期发展。"人民公社"运动的开展，在当时的生产力条件下，否定了传统以家庭为单位的小农经济，将私有的农业生产转变为完全公有的农业生产。"人民公社"运动加上之后长达24年的人民公社时期，农民、农村为国家工业化的积累做出了巨大贡献。据统计，仅人民公社时期，国家每年就能从农村攫取二百多亿元的资金（辛逸，2001），但返还农村的部分却少之又少。这一时期，国家从农村攫取大量资金用于建设城市、发展工业，导致城乡二元差距日益增大，农业、农村长期落后于工业、城市的发展。

中华人民共和国成立初期，面对百废待兴的泱泱大国，经济、政治形势都极其严峻，为了尽快摆脱这一时期国家贫困落后的状态，根据当时特定的历史背景、国情与发展需要，在资源总供给极度匮乏的情况下，国家明确了以"剪刀差"形式汲取农业剩余资源以支持工业优先发展的策略，将重点倾斜至城市、重工业的发展，这一发展目标也决定了"以农补工"的发展理念与"抽工补农"的发展思路。在计划经济时代，我国农村发展的价值定位就是为工业发展提供必要的资源支撑与资本积累，为此，国家和政府在农村地区也建立了一套与之相适应的顶层设计与管理办法，其中包括建立统购统销制度、户籍管理制度、人民公社制度等，这些都构成了城乡二元结构的核心内容（金三林等，2019），通过阶段性的牺牲农业促进国家工业化发展，按照计划经济的发展模式配置城乡建设等要素与资源，从而也建立起城乡分立的社会保障与福利制度（张海鹏，2019），这种城乡经济二元结构与社会二元体制处于并存的状态，且二者相互影响、相互强化。即便如此，我们也要辩证地看到这一阶段优先发展重工业是国家面临内外局势作出的发展策略，虽然这一时期是以牺牲农业推进国家工业化进程，出现了城乡分治的格局，但也不可忽视这一时期农村地区的建设与发展，我们也要清楚地看到农村地区的许多基础建设都在这一时期取得了迅猛发展。

（三）城乡分治阶段农业、农村的发展

中华人民共和国成立后，毛泽东等中央领导人仍然非常关注农民与农村问题，坚持城乡兼顾和沟通城乡关系，重点恢复和发展国民经济。在农村实行土地改革，发展农业生产互助合作。中华人民共和国成立后，中共在农村进行土地改革，通过把土地无偿分给农民，基本实现了"耕者有其田"，极大地调动了农民的生产积极性，促进了农业的发展。在完成土地革命和解放农业生产力

的基础上将农民组织起来,进行了一系列社会主义改造,以走集体化、合作化道路改造传统的小农经济,引导农民自愿组织生产互助组,进一步推动农业的生产和发展。

党中央还通过农业贷款、兴建水利、修建交通道路等基础设施促进农业发展。长期以来,农业都是我国国民经济的重要组成部分,而农田水利设施作为我国农业发展的命脉,在国家农业发展中具有极其重要的地位。中华人民共和国成立初期,为了保证将充足的农业剩余提供给工业,党和国家高度重视农田水利设施建设。在农村集体化与合作化运动时期,党和政府调整了农田水利设施建设导向,大力发展群众性水利设施以加强对农田灌溉的管理,进而也兴修了更为完善的大型蓄水与饮水等水利设施,不仅增加了我国农田的灌溉面积、提高了农业水平与生产条件,也对我国的江河治理和经济建设起了重要作用。

在城市合理调整工商业,在经营、原料、市场和金融方面给予政策照顾,并且通过预购、现购和代购等多种方式帮助私营工商业缓解销售困境,从而促进城市工商业发展,增加就业机会。通过多种形式的销售和多渠道的路径将农产品送入城市,将农民所需工业产品送至农村。农民从农产品的销售中获得利润,市民从工业产品的销售中获得利润,并从农村获取生产所需的原材料,由此加强城乡间关系;并且,在城市提出了"公私兼顾、劳资两利、城乡互助、内外交流"的四面八方政策,这一政策主要实行多种所有制经济共同发展的混合经济,兼顾计划和市场两种调控手段,促进了商品、资本和劳动力等要素在城乡间的合理流动,沟通城乡关系,促进城乡的共同发展。

尽管党在社会主义建设中出现了困难曲折,但就整体的建设速度而言,是旧中国无法比拟的。中华人民共和国成立初期,我国的经济基础极为薄弱,1952年,国内生产总值仅为679亿元,人均国内生产总值只有119元。经过长期努力,1978年我国国内生产总值增加到3679亿元,居全球第十一位。特别是在工业建设快速发展的阶段,石油化工、原子能等一大批新兴工业逐步建设起来,铁路、航空、水运等事业快速发展,农业水利设施基本建设和技术改造大规模展开，文教与科技事业也有较大发展，如1965年，我国在世界上首次人工合成结晶牛胰岛素等。总而言之，我国赖以进行现代化建设的物质技术基础，很大部分是在这个期间建设起来的，与此同时，全国经济文化建设等方面的骨干力量及其工作经验，也有很大部分是在此期间培养和积累起来的。

二、改革开放至党的十六大之前的乡村发展新模式

改革开放以来，国家逐渐转变传统汲取农业剩余资源、过度干预人口流动等限制政策，顺应时代发展的潮流，重新定位并调整了我国的城乡关系。在经济体制改革中，国家逐渐重视市场的作用，将市场引入计划经济体制中，使市场在国家的宏观调控下对资源配置起到决定性作用。在生产关系领域，家庭联产承包责任制的兴起与推广也极大地激发了农民农业生产的激情与主动性，形成了农业增产、农民增收的良好发展局面。在工业化方面，社会主义市场经济引发了较广泛的人口流动，涌现出大量农民进城务工，同时，也促成了乡镇企业与城镇化的兴起与繁荣，这种经济结构与时空距离的变化也推动了我国小城镇的发展与国家工业化整体进程。由此可以看到，这一时期由于计划经济体制的改革激活了市场经济要素，打破了计划经济体制下城乡分治的格局，市场要素的流通缓和了城乡间二元对立的状态。

（一）经济体制的市场化改革

改革开放后，国家确立起建立社会主义市场经济体制的发展目标，以逐步提高农产品收购价格为起点，开展了在农村地区主要表现为以市场为导向的经济改革和农产品价格改革，以社会主义市场经济取代了计划经济，让市场在资源配置中起到决定性作用。

自1979年起，国家开始大幅度提高粮食、棉花、油料等18种主要农产品

的收购价格与部分农副产品的市场售价,但在改革初期,国家主要通过"以调为主,调放结合"的渐进式改革方式对农产品价格进行结构性调整。由此可以看出,改革初期仍然没有触及计划经济时期高度集中的价格管理体制,仅放开部分农副产品的定价(马凯,1992)。1981年,国家放松对农产品进行统购统销的管理体制,将农副产品划分为三类产品,除一类产品中的部分产品仍需实行统购统销外,满足国家收购需求后的二类农副产品及所有三类农副产品皆可流通市场。1983年,中共中央发布了《关于实行政社分开、建立乡政府的通知》,从组织形态上提出了政社分离,标志着人民公社制度的结束,也宣示着行政力量在农村全面控制的减弱。1985年,中共中央发布《关于进一步活跃农村经济的十项政策》,正式取消对农副产品的统购统销,开始实行合同订购和市场竞争的双轨制。对粮食和棉花等少数对国家基础建设较为重要的农产品进行基于农民意愿的合同收购,其余农产品皆由农民掌控,可自由流通市场,也可以按合同价格出售给国家,这意味着国家放开了大部分农产品的定价权,改变了我国长期以来农产品价格掌握在政府手中的状况。1988年,从农产品收购的总额中可以看出,国家定价的比重已经下降到24%,市场价格的比重扩大到57%,截至1992年,两种类别的比重分别为12.5%和82.7%(刘旭明,1993)。

农产品市场化价格改革就是由计划经济时期排斥市场、以指令性计划为主的经济体制逐渐向引入市场机制及充分发挥市场在资源配置中的决定性作用转变(蒋和胜,1999)。农产品市场化价格改革放开了我国城乡的集贸市场,促进城乡之间要素的流动;取消了计划时期的统购统销制度,改变了计划时期工农产品价格的剪刀差格局,恢复农产品的市场属性,从而使整体的农产品价格体系日益合理化。同时,改革的纵深推进也进一步促进了农产品市场价格的提升,这也极大地调动了农民生产的积极性与主动性,促进了我国农业生产的快速发展,优化了农业产业结构,解决了国家这一时期农产品短缺的局面,同时也增强了国家的物质基础,促进了国民经济的发展,这也有利于保护农民群体的切身利益。

1992年邓小平在南方谈话中明确指出："计划经济不等于社会主义，资本主义也有计划；市场经济不等于资本主义，社会主义也有市场。"我国经济体制改革的目标就是建立中国特色的社会主义市场经济体制，相应的农产品价格改革也就是要建立起政府宏观调控下的市场价格体制。这一时期，国家引入市场机制合理配置要素资源，优化产业结构，同时也充分发挥政府的宏观调控作用，通过适度给予农产品以生产补贴等方式保护农户的收益，稳定经济社会的发展。对国家而言，社会主义市场经济的独特性就在于既有市场也有政府，从西方的发展进程看，纯粹的市场主义很容易出现市场失灵的情况，这有悖于我国社会主义共同富裕的发展目标，引入政府进行宏观调控，既能起到保护市场公平竞争的作用，也可以提高市场透明度与公平性，稳定市场。由此不难发现，社会主义市场经济下的发展格局使经济活动遵循价值规律的发展要求，适应了市场关系下供求关系的变化，也有利于打破"城乡二元"结构，通过价格杠杆和竞争机制更加合理、科学地配置、协调市场要素。

（二）农业经营体制的主体性改革

两千多年以来的农业经济结构——传统的"小农经济结构"使我国的农业现代化道路异常艰难，但农业现代化是我国改革开放时期农业发展的重点目标，也是国家现代化的重要内容之一。为了加快农业生产，逐步实现农业现代化，国家积极地在农村地区的生产关系领域做出相应的体制改革，家庭联产承包责任制就是这一时期生产领域的改革成果。这一制度将土地的使用权赋予了农民群体，同时也进行了与农村经济体制改革相适应的政治制度改革，消除了人民公社时期的政社合一与统购统销制度，将农民群体彻底从人民公社体制中解放出来。这一生产领域的改革进一步弱化了政府对农村经济的控制权，强化了农民的自主权与主体性，重新确立起家庭经营在农业生产中的主体性地位。

张五常将产权划分为使用权、收益权与转让权。1982年颁布的《宪法》明确表示，农村的土地除由法律规定属于国家所有的以外，属于集体所有，因此，农民仅有使用权与收益权。2003年正式实施《中华人民共和国农村土地承包法》，明确保护了农民的这两项权益，更重要的是将转让权也赋予农民主体所有。家庭联产承包责任制是国家从农村基层建设中逐渐退场的重要表现。由于从法律层面上明确规定了村集体的所有权属性，因此，土地的制度建设权也就转移至村集体手中。作为最基层的村集体非常明确农民的利益诉求，在充分尊重不同群体利益诉求的基础上开展形式多样的农地制度与经营模式（许庆，2008）。

1978年，安徽凤阳小岗村的十八位农民自愿签订了"包产到户"的合同，但由于当时党和政府并未对这一生产模式做出肯定，基于计划经济时期农业生产关系的残余，故而并未使这种生产模式在全国大规模地推广。1982年1月1日，中共中央在《全国农村工作会议纪要》中指出，包产到户是社会主义集体经济模式下的生产责任制，并于1983年正式发文指出包产到户是社会主义集体，肯定了家庭联产承包责任制的伟大创举与新发展模式，由此掀起了一场农民自下而上的农村生产领域的改革浪潮（龚建文，2008）。1984年7月全国农业联产承包责任制理论讨论会于北京召开，会议的多数声音支持家庭联产承包责任制这一伟大创举，指出这一生产模式成功地将农民的经营主体地位、劳动付出与利益所得紧密结合起来，充分发挥出农民经营性主体的作用（吴江等，2008）。家庭联产承包责任制实际上是农业经营体制的改革，将原先由集体使用的土地分给农户使用，农业生产不再是可以"搭便车"的集体生产，而是自负盈亏、多干多得、少干少得。这一制度是在新的历史发展阶段通过调整农村的生产关系来调节国家、集体与农民的资源分配关系，确立起了农民生产经营的主体性地位，不仅极大地调动了农民生产的积极性、主动性与创造性，也解放发展了生产力，实现了农业增产、农民增收、农村经济增长的"三增"局面，繁荣了市场，同时也为乡镇企业的发展创造了有利条件。据统计，1984

年，全国99%以上的农村都实行了家庭联产承包责任制，1978—1984年，农业增长速度由原来的2.9%提升到7.7%，人均粮食占有量由318.5公斤增长到393.5公斤。家庭联产承包责任制取代了人民公社时期的统购统销制度，实行"交够国家的，留够集体的，剩下都是自己的"的大包干生产模式，也开启了我国特色农业现代化道路，为我国后期农业现代化发展奠定了坚实的物质基础与制度保障。

（三）乡村工业经济的现代化改革

西方工业化的道路是以农村的崩溃为代价的，在工业化背景与全球化浪潮的影响下，我国也无例外地要进行工业化建设，但我国的工业化发展不是照搬西方让农村破产以成全工业化建设的道路，而是要因地制宜、顺势而为，走适合我国发展的工业化道路——利用农村的土地、资金、人口优势繁荣乡镇企业，农工相辅，齐头并进，协调发展（费孝通，1995）。这些条件将我国这一时期的工业化指向了乡镇企业，乡镇企业作为城乡市场一体化的物质基础在改革开放时期得到重视与发展，其迅猛发展也标志着我国农村工业化的起点。乡镇企业的迅速崛起使我国的国民经济结构由改革前的农村农业、城市工业二元结构转变为城市工业、农村工业、农村农业相结合的新型经济结构。

随着家庭联产承包责任制的实施与推广，农产品产量得到很大提升，同时，农作物投入的边际递减效应也开始逐渐显现。农村剩余劳动力在改革开放初期由于受到户籍制度的限制，难以流动进入城市，因而，这部分人开始探索乡镇企业的发展形式，从而激活了当时的"社队企业"。1984年，中央四号文件中指出，将"社队企业"正式更名为"乡镇企业"，并在中央一号文件中首次提出"允许务工、经商、办服务业的农民自理口粮到集镇落户""允许农民和集体的资金自由地或有组织地流动，不受地区限制"。仅当年，全国乡镇企业发展至606万个，从业人口5206万人，占农村劳动力的14%。此后，逐渐放开了之前各种限制劳动力流动的制度。1989年确立家庭联产承包的双层经营体制，极大地调动了农民生产的积极性与主体性，带来了农业增产、农民增收、农村经济增长的良好效益。与此同时，农村地区的剩余劳动力也开始纷纷向城镇进行转移，这为乡镇企业的发展提供了大量的劳动力资源。而乡镇企业在这一阶段的发展主要表现为劳动密集型产业，因此，也有充分的能力吸纳大量农村剩余劳动力人口，这也加速了农民工进城规模的迅猛扩张，形成务工潮。在这一发展阶段中，国家政策的松动使大量的农村富余劳动力转移至城镇，加快了我国城镇化的建设，不仅密切了城乡联系，冲击了计划经济时期形成的城乡隔离现象，形成了协同发展、功能互补的"大城市、小城镇"空间格局，也加快了城乡劳动力市场一体化建设，有效地促进了城乡间劳动力与人才的双向流动。

自1992年起，乡镇企业逐渐开始与东部地区的民营企业兼并重组，进行产业转型与结构优化，其迅猛发展的态势也将乡村工业化推上了新台阶。步入21世纪，乡镇企业的发展受到国内外市场变化的影响，开始实施产权主体改革，借助外向型经济模式实现新发展，即吸收、引进国外企业的生产技术、资金、生产方式等，创造"中国制造"的工业产品。随着改革开放的纵深推进，在经济体制中，改革的重点倾向于农产品的市场流通领域，人民公社时期的"政社合一"体制被废除，同时也废除了农产品统购统销的制度，将更多的农产品引入流通市场，大力支持社会主义市场经济的发展，从而确立起农民群体的市场主体性地位。在政治领域，国家逐渐确立起"乡政村治"的基层治理新模式，开启了村民自治制度的新尝试。在这一大背景下，农村地区的非农产业得到迅速发展，乡镇企业异军突起，链接起城乡间的经济形态。作为传统农村向农业现代化转型的重要环节，乡镇企业的发展与繁荣推动了我国农村地区的工业化建设与经济社会的发展，也将农业现代化、国家现代化推进到一个新的发展阶段。

（四）从"分治"走向"缓和"的城乡关系

1978年至21世纪初期，国内关于城乡偏好的研究要么是"城市偏向"，要么是"乡镇偏向"，如以费孝通为代表的"小城镇论"和以樊纲等为代表的"大城市论"之间的争论。以"小城镇论"为代表的观点认为乡镇企业是符合我国国情，有效推进工业化、城乡发展的必要环节，后者则大力倡导重点发展大城市以促进国家城市化、工业化建设（叶超等，2019）。实践表明，以费孝通为代表的"小城镇论"适应我国这一阶段的发展需要。我国现代化的起点是一个"乡土中国"，在迈向现代化发展的过程中需要考虑我国的历史、人口、城镇规模等多种因素与条件，因此，我们必须也只能从小城镇开始，逐步发展城镇化，以此最大程度地降低现代化进程中对整体社会的冲击与震荡，保证改革开放这一人类历史上最大规模的社会变迁平稳进行（费孝通，1996）。小城镇的大量涌现和快速发展，弱化了城乡二元隔离的格局，也为城市化发展奠定了基础。正如费老指出，小城镇是一种新型的、正在从乡村性的社区变成多种产业并存的、向着现代化城市转变中的过渡性社区，基本上已经脱离了传统乡村社区的性质，实际上也已构成城市群的重要组成部分（韩俊，2009）。

综上所述，改革开放时期为了打破计划经济时期的城乡二元结构关系，在乡村地区改革的关键环节即向农民群体赋权、确立起农民对土地的主体性地位与推动农产品价格市场化改革。与此同时，政府也通过提高农副产品的收购价格等方式逐渐放开了粮食市场，以此形成对农民群体农业生产行为的外部激励机制；家庭联产承包责任制与农产品市场化价格改革的推进，极大地提高了农民的自主性与主体意识，也为城乡劳动力市场一体化的发育创造了条件；乡镇企业的发展促成了劳动力"离土不离乡"的就业模式，但乡镇企业由于发展的弊端，在发展后期吸纳农村劳动力的作用越来越弱化，直到20世纪90年代后，城市的国有企业全面启动改革，大幅刺激了城市经济的增长，使得劳动力在城乡之间的大规模流动成为无法阻挡的趋势，也出现了"离土又离乡"的新就业模式，为持续调整城乡关系提供了新动力（张海鹏，2019）。农村工业化与城镇化作为农业现代化的关键环节，是相辅相成、双向发展的关系。一方面，我国自古以农立国，农村工业化可以为农村城镇化积累资源，利用人口红利，为农村工业化与城镇化"输血"以提供发展的动力，同时也实现了农村人口有序、渐进地向城镇转移，初步形成了以城带乡、以工促农的发展格局；另一方面，农业现代化的发展也促进了传统农业发展模式的转型与升级，有学者指出现代化的农业将现代的科学技术、设施装备、管理理念等反馈给农业经营主体——农民，全面改善农业发展新常态，促进农业产业结构的调整与升级，实现为乡村"造血"，推进农业现代化，形成城乡共同繁荣发展的发展机制（龚建文，2008）。

三、党的十六大至十七大时期的社会主义新农村建设

步入新世纪，国家对农村地区的策略表现为从资源汲取到资源输入的转变，这一阶段的城乡关系发展侧重于均衡公共资源的配置。2002年，党的十六大首次提出统筹城乡经济社会发展，由此，国家的公共财政开始更多地向农村的社会事业投入。2003年十六届三中全会提出"五个统筹"，并将"统筹城乡发展"列为五个统筹之首。2004年后中央将"多予、少取、放活"作为解决"三农"问题与"中央一号文件"农村工作的指导思想。2005年，十六届五中全会首次提出"社会主义新农村建设"的重大历史任务，目的在于"加快改变农村经济社会发展滞后的局面"，提高农民群体的生产水平与生活环境，以期实现农村经济的发展。2007年党的十七大提出"建立以工促农、以城带乡长效机制，形成城乡经济社会发展一体化新格局"。这一系列重大方略提出后，国家开始进入"工业反哺农业、城市反哺乡村"的城乡统筹发展格局。这一时期社会主义新农村建设意味着我国发展战略的调整与重点的转移，通过有序开展、落实与推进各类爱农支农惠农政策，开启了城市反哺农村、城乡统筹发展

的新局面。

（一）国家主导下的各类支农惠农政策

1994年3月国务院颁布实施《国家八七扶贫攻坚计划》，要求"从1994年到2000年，集中人力、物力、财力，动员社会各界力量，力争用7年左右的时间，基本解决全国农村8000万贫困人口的温饱问题"。21世纪以来，随着我国工业化逐渐步入发展的中期阶段，综合国力不断增强，国民经济持续快速的发展也使国家初步具备了"以工哺农、以城带乡"的经济实力与物质基础，党和国家高度重视"三农"工作，多年连续印发中央一号文件，采取一系列政策措施，大力推进乡村建设与城乡融合发展，并以取消农业税为标志全力扶持农业发展。十六大以来，新一届中央领导集体提出在21世纪的前20年实现全面建成小康社会的奋斗目标，为了实现这些发展目标，这一阶段，党和国家在涉农补贴、低保制度、义务教育和医疗保障等方面出台了系列重大支持性政策，以期实现发展目标。

1.有序推进各类涉农补贴

计划经济时期，我国选择了优先发展重工业的发展路径，但由于当时生产资料的极度匮乏，农业剩余资源有限，粮食供求的矛盾日益尖锐，在当时，政府便已经做出了系列农业补贴刺激农业发展，如国家对农业化肥、农药、农机产品等亏损进行了大额度补贴及对农产品进行相应的补贴。改革开放后，在日益增强的经济基础上，国家进行了以家庭联产承包责任制为核心的农村经济体制改革，这次改革也推动了农产品供销体系的市场化。自1985年的农产品价格市场化改革后，中央持续加大对粮食的统购补贴力度与保护政策，并对农业生产资料进行了直接补贴的支持政策，在城镇地区也进行了相应的粮食补贴。在城乡统筹时期，农业补贴目标由保障粮食安全、提高农业生产转变为支持农民增收、兼顾粮食安全，国家大力推行"两免四补"（免农业税、免特产税；粮食直补、良种补贴、农机具购置补贴、农资综合直补），这一直接补贴建立起初步的现代农业补贴政策体系，对推进农民增收、粮食增产、农业可持续发展起到重要作用。

首先，种粮直接补贴是政府按农民的粮食种植面积等标准直接将财政资金发放给种粮农民的一种农业补贴方式。2002年，我国政府在吉林和安徽部分县市开始进行种粮直接补贴的试点工作。此后，种类补贴的试点不断增多，至2006年，种粮补贴扩大到全国各地，补贴范围也有所扩大。其次，农作物良种补贴是国家为鼓励农民种植良种而发放的资金补贴，并配套相关的技术推广。2002年起国家开始在东北部分地区试点，对部分高油品种的大豆实施良种补贴。自此，良种补贴逐步扩大到全国推广实施，良种补贴范围也有所扩大。再次，农机具购置补贴是政府给予购买特定的、有利于提高农业生产效率的农机者资金补贴。从1998年开始，中央财政就设立了专项资金用于农业机械的购置补贴。2000年以前，这一补贴被称为"大中型拖拉机及配套农具更新补贴"，2001年开始调整为"农业机械装备结构调整补助费"，2003年更名为"新型农机具购置补贴"，2004年财政部和农业部共同确定了农业机械补贴的相关细节，指出农机购置补贴的对象以农民、农村职工及农民专业合作社为主，补贴金额由相关部门给予农业机械的供货方，农民交齐差价方可购买成功。自实施以来，补贴种类不断增多，范围不断扩大，且地方政府还可以根据地方需要自行定义不超过20个种类的农业机械。最后，农资综合直补是在农业生产成本不断提高的背景下提出的，主要针对农民购买化肥、柴油等农业生产所需的材料进行直接补贴。2006年，财政部发放120亿元进行该项补贴，之后，中央财政多次增加补贴金额，按照"价补统筹、动态调整、只增不减"的原则，对农业生产所需农资进行综合补贴。

中国加入世界贸易组织后，面对日益激烈的国际农业竞争，我国的农业发展受到更多国际农产品市场和生产要素的影响，与此同时，在"工业反哺农业"的发展阶段，国家的发展基调步入"以工促农、以城带乡"的新阶段，且随着我国工业化与现代化进程的不断推进，非农产业的经济收益已经在国民经济中占据主导地位，这也意味着国家的经济实力显著增长，总体上已经具备了大力支持"三农"的经济实力，相应的农业政策也都由汲取型转向给予型，其中，涉农补贴是最直接也是最有效的农业保护与支持政策。2003年5月，我国的粮食直补改革试点工作在粮食主产区吉林省东丰县、安徽省来安县和天长市正式开展，同时，对大豆也实行了良种补贴，并逐渐将良种补贴范围扩大至小麦、玉米、棉花、花生等作物与生猪、奶牛等家畜，初步形成了良种补贴体制。改革的关键是将国家按最低价格收购的余粮转化为现金直补。2004年2月，国务院常务会议通过在全国实施对农民进行直接补贴的意见（武力，2008）。2007年国家新增退耕还林补贴、奶牛良种补贴等种类，同时中央财政也拿出专门资金用于生猪补贴，完善了农业补贴体系。此外，在2004年至2010年出台的中央一号文件中，相继提出大型商品粮生产基础建设、测土配方施肥补贴、农业保险保费补贴、科技入户技术补贴、新型农民培训补贴等政策。

纵向来看，农业补贴从无到有，补贴范围连年扩大，力度与规模逐渐增加，补贴方式多样化，动态调整机制不断完善。这对促进我国农业现代化、农业转型升级、保障农民增收及农业的可持续发展起到重要作用，标志着我国的农业补贴政策由农产品流通环节向生产环节转变、由间接补贴向直接补贴方式转变、由保障供给向增加农民收入方向转变。由此可以看出，农业补贴政策实质上是在国民收入二次分配中重新调整国家与农民间利益分配，也是国家经济发展、社会环境相互作用的综合结果。

2.全面建立农村"低保"制度

20世纪70年代，中央开始全面实施开发式扶贫，这解决了多数贫困地区贫困群体的经济问题，达到了当时的减贫目标，但进入社会主义新农村建设时期，贫困人口的性质也随时代变化发生着相应的变化，这时期的贫困人口可划分为三类：老弱病残等弱势群体、生态环境恶劣地区的贫困人口与自然灾害多发地的贫困人口。国家针对这些非经济主导因素造成的贫困问题，进行了比开发式扶贫更为直接有效的经济救助，农村"低保"制度应运而生。

《社会救助暂行办法》（2014年5月1日起施行）认为，最低生活保障制度是国家对共同生活的家庭成员人均收入低于当地最低生活保障标准，且符合当地最低生活保障家庭财产状况规定的家庭，给予最低生活保障的一项制度。结合权威学者的学术观点，在此，本文将农村低保制度定义为：国家和社会对生活在最低生活保障线下的农村贫困家庭，按照当地的最低生活保障标准和正规化程序为其提供满足最低生活需求的资金支持和物资救助，用以保障其基本生存需要的一种制度。农村"低保"既是我国政府主导实施的一项重大民生工程，也是农村反贫困的一项基本政策，作为农村贫困对象基本生活的最后一道安全网，制度自推行以来，坚持"应保尽保"原则。为此，国家也不断扩大政策的资金支持及保障范围，不仅尽全力满足了农村贫困群体的最低生活需要，也促进了农村经济社会的协调发展，维护了社会的和谐稳定（王海燕等，2011）。

1996年，民政部办公厅下发的《关于加快农村社会保障体系建设的意见》明确指出："各地要积极试点，稳步推进。凡开展农村社会保障体系建设的地方，都应该把建立最低生活保障制度作为重点，即使标准低一点，也要把这项制度建立起来。"进入社会主义新农村建设时期以来，国家积极探索建立健全农村"低保"制度。2004年，政府对农村最低生活保障制度的用词是"探索"，到2005年转变为"积极探索"，至2006年则为"逐步建立"，2007年的《政府工作报告》中指出"要在全国范围内建立农村最低生活保障制度"，自此农村"低保"步入快速发展的轨道。2007年，国务院颁布了《关于在全国建立农村最低生活保障制度的通知》，正式确立起我国的农村"低保"政策，包括标准界定与范围保障，明确了政策的目标是解决农村地区温饱问题和保障群众基本生活水平。而这一政策作为扶贫政策体系中的重要组成部分也在全国的农村地区迅速扩展与落实。十八大之后，随着反腐力度的持续加大，"低保"

政策也进入收紧阶段，在《国务院关于进一步加强和改进最低生活保障工作的意见》中明确了对"低保"制度进行更加规范与严格的管理，按照"应保尽保、公平正义、动态管理、统筹兼顾"的原则，对政策执行初期的问题集中解决与处理，并由监督部门对此前阶段的"错保"、"关系户"等进行了复核与清退，同时，加大了对政策保障对象的监管及救助资金的监督力度，此后，我国的农村"低保"制度逐渐走向完善阶段（陈乃一，2020）。不难发现，我国的农村"低保"制度也是"摸着石头过河"，政策在不断尝试中逐渐完善。

3.实施义务教育资助政策

自20世纪90年代起，以"希望工程"为代表的非政府组织力量逐渐成为义务教育资助体系的新兴重要力量，并相继出现了"春蕾计划""烛光工程"等，这些非政府组织力量也逐渐成为农村地区普及义务教育的重要推动力量（郭秀兰，2010），尽管如此，国家的公共投资仍然是义务教育的主要财政来源。因此，2001年，《国务院关于基础教育改革与发展的决定》中提出"两免一补"（免学杂费、免书本费、补助寄宿生生活费）政策，即向农村义务教育贫困学生减免学杂费、书本费，对寄宿学生给予补助，构建起农村义务教育资助体系的基本框架。除对农村学生的补贴外，政府还在不断巩固和完善农村中小学教师的待遇保障机制、不断提高农村中小学教师的待遇水平，并通过一些专项计划吸引大学毕业生和有经验的教师进村任教。校舍方面，建立农村义务教育阶段中小学校舍维修改造长效机制，所需资金中西部地区由中央和地方政府分别承担，东部地区以地方政府承担为主、中央奖励性支持为辅。

十六大以来，国家的基础教育公平政策逐渐向教育薄弱地区，特别是农村贫困地区倾斜，对弱势群体的扶持力度持续加大，加强了国家对农村基础教育的财政支出比例与份额。2003年，《国务院关于进一步加强农村教育工作的决定》明确表示从中央到地方要为农村贫困地区下放专项经费与扶贫资金，特别是要用以提高适龄儿童的义务教育普及率，也提出建立健全"扶持农村家庭经济困难学生接受义务教育的助学制度",力争让适龄学生不因家庭经济困难问题而失学,此后,"两免一补"政策逐渐得到发展与完善。《中华人民共和国义务教育法》中规定:"义务教育是国家统一实施的所有适龄儿童、少年必须接受的教育,是国家必须予以保障的公益性事业。"这保证了义务教育制度的顺利实施,将九年义务教育的权利上升到法律的高度,突出了义务教育的普及性,并首次从法律层面明确了义务教育阶段的经费保障机制,即"两免一补"。2007年,全国农村义务教育学生全部免除学杂费,国家对贫困家庭的适龄学生免费提供教科书,补助贫困的寄宿学生,这一政策的实施标志着我国农村义务教育贫困学生资助制度的基本建立。2009年制定的《关于进一步加快特殊教育事业发展的意见》是我国首次针对特殊适龄学生群体教育制定的一项政策,其中首次提出"保障儿童福利机构适龄残疾儿童少年接受义务教育",明确了优先保证农村残疾儿童适龄学生享受"两免一补"政策。不难看出,国家在这一时期对农村地区的义务教育投入了较高的重视与政策倾斜,从顶层设计的层面力争实现农村地区贫困学生的教育机会公平,对农村地区的义务教育发展具有重大意义。

新世纪以来,我国的城镇化进程处于加速发展阶段,大量的农村青壮年劳动力流入城镇务工,与此同时,进城务工人员随迁子女的教育问题也变得越来越突出,这一变化也直接冲击着我国当时的义务教育管理体制。自2012年以来,国家陆续出台相关政策,大力推进户籍制度的改革,对于符合落户条件的农村居民,有序将其转变为城市居民户口,对于暂不具备落户条件的农民工,则在一定范围内帮助解决其在劳动报酬、子女上学、医疗保障等方面的问题,努力实现城镇基本公共服务常住人口全覆盖。十二届全国人大二次会议上,李克强总理指出,要有序推进农业转移人口市民化,把有能力、有意愿在城镇地区务工经商的农村居民及其家属逐步转为城镇居民。对于未落户的农业转移人口则建立居住证制度,更好地保障农民工及其家属的相关权益,使农业转移人口和城镇居民共建共享城市现代文明。十七大报告中首次明确提出"保障经济困难家庭、进城务工人员子女平等接受义务教育",《关于做好进城务工人员随迁子女接受义务教育后在当地参加升学考试工作的意见》的出台为农民工随迁子女的就学提供了便利条件,保障了进城务工人员随迁子女升学机会的客观需要,也进一步完善了我国城乡间义务教育资助体系。

4.完善新型农村合作医疗保障体系

改革开放以来,人民公社的解体瓦解了此前农村医疗保障体系的集体经济基础,也引发了一大批"因病致贫""因病返贫"的问题,同时,面对城乡一体化进程、自下而上的城乡户籍制度改革的加速发展,新型农村合作医疗保障体系应运而生。这一体系是在社会主义市场经济体制下,由政府主导建立并完善公共服务体系的必然结果,在筹资方面,建立了个人自愿缴费、集体扶持与政府资助的新型合作医疗筹资体系(孙淑云等,2018)。这种新型农村合作医疗保障体系对缓解此前出现的大批"因病致贫""因病返贫"问题,发展乡村地区经济、保持乡村社会稳定与和谐起着非常重要的作用。2003年,国家开始在农村地区逐步实施新型农村合作医疗保障制度的试点工作,这一制度强调政府主导组织、集体扶持与村民自愿参与,是一种以大病统筹为主的农民医疗互助共济制度。由此可以看出,"新农合"具有政府发挥主导角色、医保覆盖面广、以大病统筹为主的特点,而这些关键的内容也在无形之中解决了许多潜在的风险(郑蕾等,2010)。

这种新型农村合作医疗保障制度是一种政府通过颁布政策法规将其纳入制度框架的行为,具有较强的强制性制度变迁色彩。虽然这一制度在资金管理、补偿份额等方面仍然存在一些问题,但有效的监督与管理在一定程度上起到了缓解村民医疗经济负担、完善村民医疗保障、解决市场经济下医疗机构逐利行为的重要作用(高新宇,2019)。2008年,中共中央、国务院在《关于推进农村改革发展若干重大问题的决定》中提出"加快形成城乡经济社会发展一体化新格局",与此同时,这一时期也进入城乡加速转型发展期,新型农村合作医疗制度逐渐与城镇医保制度形成统一的发展格局。在推进城乡医疗资源整合的过程中，地方以统筹城乡为基本原则，初步形成了均等化的城乡医保体系雏形。2016年，国务院颁发《国务院关于整合城乡居民基本医疗保险制度的意见》指出："整合城镇居民基本医疗保险和新型农村合作医疗两项制度，建立统一的城乡居民基本医疗保险制度，是推进医药卫生体制改革、实现城乡居民公平享有基本医疗保险权益、促进社会公平正义、增进人民福祉的重大举措，对促进城乡经济社会协调发展、全面建成小康社会具有重要意义。"2018年3月，国家医疗保障局的组建也明确了统一城乡基本医疗保障制度的管理体制，为实现整合和统一城乡基本医疗服务资源制度确立了组织保障。

综上所述，农村居民较城市居民而言生活水平低下、基础设施缺乏、公共服务匮乏，城乡公共服务水平长期不对等，农村居民无论在农村还是城市地区都无法享受到城市相对较高的公共服务水平，因而农村公共服务水平的提升对城乡融合发展至关重要。

（二）乡村主体性治理结构的形成

改革开放以来，我国农村地区的社会体制发生了巨大变化，人民公社时期的"政社合一"制度转变为政经分离的"乡政村治"新模式，这也意味着乡镇政府是国家政权体系的"最后一公里"，乡镇之下实行村民自治制度，这种政治体制与当时农村的经济体制框架，即家庭联产承包责任制相匹配。这种新型治理格局适应当初农村地区的现实情况与发展要求，不仅调动起了村民参与村庄治理的主动意识与主体性，也推进了乡村地区民主政治的发展，进而促进国家逐步向民主化、法制化的方向发展。更为重要的是，这种治理框架也非常有效地应对了国家"一统就死""一放就乱"的困境，将国家治理与村民自治、中央与地方有机结合，在一定程度上解决了乡村地区政治化、民主化、法制化发展的困境（徐勇，1997）。但在新时期，这种治理模式也出现了新问题，如以农田水利设施、道路为主的基础设施建设遭到较为严重的破坏,村庄内的矛盾纠纷难以解决,村庄内"分离秩序"的出现,造成灰黑势力在农村基层的进一步蔓延,这些灰黑势力通过将其"包装"为农村基层政权的代理人,从中获取大量的国家资源,导致新型乡村基层政权内卷化。总而言之,这些新问题即乡村基层政权的弱化。针对以上问题,中央政府逐渐完善乡村民主监督与管理的自治制度,以此重塑乡村治理主体的责任伦理与主体意识,从而破解乡村治理困局,使其走上良性发展的道路(杨华等,2011)。

取消农业税之前,由于许多地方的乡镇面临较为严重的财政赤字问题,为了完成上级下达的各种命令与任务,在收取农业税的过程中,一些干部便以自下而上的方式层层加码汲取基层资源,这种做法不仅可以完成上级下达的任务,也便利了部分乡镇干部谋取私利。这种关系使农村地区的社会结构处于一种极度不平衡的状态,也进一步加剧了农村社会结构的张力、激化了干群矛盾。在这种情况下,税费改革成为必然选择。新世纪以来的税费改革,重新调整了农村的分配关系,将分配环节纳入法治化的轨道,在一定程度上减轻甚至杜绝了部分乡镇干部在农村向群众乱收费、乱摊派的腐败贪污不良行为,有效地缓和了干群紧张关系,也扭转了中央在人民群众心中的形象(董江爱,2004)。取消农业税加剧了乡镇政府财政赤字,虽然中央政府通过转移支付等手段暂时缓解了地方的财政危机,但事实表明,这种方式难以长远解决地方的财政问题。我们应该看到乡村财政问题的根本原因是不合理的公共管理体制,而村民自治制度作为一个新型供需平衡的乡村治理结构起到了重要作用,这种制度在政治上保证了农民群体的民主权利与主体性地位,给予了乡村社会高度自治权(党国英,2006),在治理能力的提升中逐渐进入城乡统筹发展阶段。

(三)城市反哺农村:从城乡统筹到城乡一体化发展

中华人民共和国成立初期,百废待兴,基于当时国情的考虑,国家制定出优先发展重工业的发展路径，在短期内快速恢复并发展了国民经济。但在这一阶段，由于政策发展的偏好性，造成了国家以牺牲农业农村农民的方式推进工业化局面，农业、农村、农民成为弱势产业、弱势地区与弱势群体（洪银兴，2007），在一定程度上拉大了城乡发展的差距，若任其发展则有悖于我国共同富裕的社会主义原则与目标。因此，改革开放以来，国家及时地调整了上一阶段不平衡的城乡关系，通过生产领域、生产关系等改革调动农民生产的积极性与主动性，以此刺激、繁荣农业的发展。进入新世纪以来，国家工业与城市发展到了一定的水平，初步具有了反哺农业的能力，为了更好地建设农村、促进农业、支持农民，在农村地区建立"造血"机制，中央也下发了一系列文件推动城市反哺农村、工业反哺农业的发展新格局。十六大报告中指出："统筹城乡经济社会发展，建设现代农业，发展农村经济，增加农民收入，是全面建设小康社会的重大任务。"2003年召开的中央农村工作会议提出："全面建设小康社会，必须统筹城乡经济社会发展，更多地关注农村，关心农民，支持农业，把解决好农业、农村和农民问题作为全党工作的重中之重，放在更加突出的位置，努力开创农业和农村工作的新局面。"十七大报告也提出"建立以工促农、以城带乡长效机制，形成城乡经济社会发展一体化新格局"。由此可见，国家在这一阶段已经逐步开展工业反哺农业、城市支持农村的发展战略。从城乡统筹到城乡一体化发展是中国共产党改革开放以来为探索破解"三农"问题在理论与实践方面的创新，也是与时俱进的重要战略部署，在国家新的发展阶段与农村发展、城乡融合发展需要紧密联系，进行系列改革与建设，充分保障农民主体地位与利益诉求，是我国农业现代化的本质要求，也开创了一条适应我国国情的中国特色社会主义农村工业化与城镇化道路。

四、新时代下乡村发展与城乡融合态势

新时代下，城乡发展呈现融合态势，自精准扶贫工作开展以来，国家对农村的各方面都给予了极高的重视,加大了支持力度。新形势下提出的乡村振兴,则更好地与精准扶贫政策衔接,对乡村发展成果进行了巩固、提升与拓展。党的十八大报告提出:"加快完善城乡发展一体化体制机制,促进城乡要素平等交换和公共资源均衡配置,形成以工促农、以城带乡、工农互惠、城乡一体的新型工农、城乡关系。"2017年后,城乡发展一体化向城乡融合方向纵深发展,中央农村工作会议进一步提出,加快形成工农互促、城乡互补、全面融合、共同繁荣的新型工农城乡关系。十九大报告中指出乡村振兴的五个要素是"产业兴旺、生态宜居、乡风文明、治理有效、生活富裕"。这些发展理念既体现了我国传统五千年的农耕文明,也展现出城乡融合发展的现代文明。

十九大报告中明确指出中国特色社会主义进入新时代,社会的主要矛盾已经转化为人民日益增长的美好生活需要和不平衡不充分的发展之间的矛盾,其中,最大的不平衡是城乡之间发展的不平衡,最大的不充分是农村发展的不充分。新时代城乡关系发展思想明确构建城乡融合发展新格局的政策导向与新态势的政策方案,这一发展思想符合新时代中国特色社会主义的本质要求,体现出党中央对新时代下我国城乡关系的再定位再思考,是推进我国城乡高质量融合发展的重要指导思想(王振坡等,2019)。其中,乡村振兴战略是推进我国城乡融合发展新格局的重要环节,是体现乡村独特性与差异化、激发乡村发展内生动力、实现城乡融合发展与真正构建城乡对等关系的有效途径(张祝平,2017)。城乡融合不仅要求促进农村的发展以缩小城乡差距,更要求城乡之间形成频繁紧密的互动。下表是城乡融合阶段部分政策要点。

表 1-1　城乡融合阶段政策要点

时间	文件/会议名称	要点
2017年10月	决胜全面建成小康社会 夺取新时代中国特色社会主义伟大胜利——在中国共产党第十九次全国代表大会上的报告	1. 决胜全面建成小康社会，开启全面建设社会主义现代化国家新征程； 2. 实施乡村振兴战略； 3. 建立健全城乡融合发展体制机制和政策体系； 4. 推动城乡义务教育一体化发展； 5. 坚决打赢脱贫攻坚战。
2017年12月	中央农村工作会议	1. 加快推进乡村治理体系和治理能力现代化，加快推进农业农村现代化； 2. 提出乡村振兴战略的目标任务； 3. 重塑城乡关系，走城乡融合发展之路； 4. 巩固和完善农村基本经营制度； 5. 深化农业供给侧结构性改革； 6. 坚持人与自然和谐共生，走乡村绿色发展之路； 7. 传承发展提升农耕文明，走乡村文化兴盛之路； 8. 创新乡村治理体系，走乡村善治之路； 9. 坚持工业农业一起抓，坚持城市乡村一起抓。
2018年1月	中央一号文件《中共中央 国务院关于实施乡村振兴战略的意见》	1. 产业兴旺：提升农业发展质量，培育乡村发展新动能； 2. 生态宜居：推进乡村绿色发展，打造人与自然和谐共生发展新格局； 3. 乡风文明：繁荣兴盛农村文化，焕发乡风文明新气象； 4. 治理有效：加强农村基层基础工作，构建乡村治理体系； 5. 生活富裕：提高农村民生保障水平，塑造美丽乡村新风貌。
2018年12月	中央农村工作会议	1. 全面深化农村改革，切实落实强农惠农富农各项政策； 2. 着力改善农村基础设施和公共服务，保护和调动亿万农民的积极性创造性； 3. 扎实推进农业农村现代化； 4. 打赢脱贫攻坚战是全面建成小康社会的底线任务，落实脱贫攻坚重大举措，提高脱贫质量，巩固和扩大脱贫成果； 5. 深化农业供给侧结构性改革，推动农村各产业融合发展； 6. 加快培育农村发展新动能，支持各类人才返乡下乡创业创新，拓宽农村就业空间和农民增收渠道。

续表

时间	文件／会议名称	要点
2019年2月	中央一号文件《中共中央 国务院关于坚持农业农村优先发展做好"三农"工作的若干意见》	1. 继续实施精准脱贫政策，完成脱贫攻坚任务； 2. 夯实农业基础，发展壮大乡村产业； 3. 推进乡村建设，加快补齐农村短板； 4. 全面深化农村改革； 5. 完善乡村治理机制； 6. 加强党对"三农"工作的领导，发挥农村党支部战斗堡垒作用。
2019年12月	中央农村工作会议	1. 打赢脱贫攻坚战是全面建成小康社会的重中之重，要确保2020年底如期完成脱贫任务； 2. 全面建成小康社会，最突出的短板在"三农"； 3. 农民增收是全面小康的基本要求； 4. 保障农产品有效供给始终是"三农"工作的头等大事； 5. 加强党对"三农"工作的全面领导，坚持农业农村优先发展，强化五级书记抓乡村振兴责任。
2020年1月	中央一号文件《中共中央 国务院关于抓好"三农"领域重点工作确保如期实现全面小康的意见》	1. 坚决打赢脱贫攻坚战； 2. 对标全面建成小康社会加快补上农村基础设施和公共服务短板； 3. 保障重要农产品有效供给和促进农民持续增收； 4. 加强农村基层治理； 5. 强化农村补短板保障措施。
2020年12月	中央农村工作会议	1. 民族要复兴，乡村必振兴； 2. 全面建设社会主义现代化国家，实现中华民族伟大复兴，最艰巨最繁重的任务依然在农村，最广泛最深厚的基础依然在农村； 3. 脱贫攻坚取得胜利后，要全面推进乡村振兴，这是"三农"工作重心的历史性转移； 4. 牢牢把住粮食安全主动权； 5. 全面实施乡村振兴战略。
2021年1月	中央一号文件《中共中央 国务院关于全面推进乡村振兴加快农业农村现代化的意见》	1. 实现巩固拓展脱贫攻坚成果同乡村振兴有效衔接； 2. 加快推进农业现代化； 3. 大力实施乡村建设行动； 4. 加强党对"三农"工作的全面领导。

（一）产业经济建设：推进城乡产业融合发展

持续发展乡村产业经济建设，推进城乡产业融合发展是实现城乡融合的经济基础。进入21世纪，工业与农业收益的较大差异使城市的"虹吸效应"日益明显，针对工农不平衡的经济关系，乡村振兴战略提出产业兴旺。乡村富裕的基础是经济发展与产业振兴，这就要求加快实现农业农村现代化，促进农村的"三产"融合发展。农业农村现代化带给农民更多的就业、创造出更广阔的平台与机会，这也促进了现代农业体系，包括产业体系、生产体系与经营体系的建构。首先，产业体系意味着形成有效的产业结构与资源使用并通过加入工业化的因素延长产业链，以适应工业化市场的需要；其次，生产体系意味着传统的农业生产向机械化、科技化的现代农业生产转型，也意味着降低成本、增加收益；最后，经营体系即是要素优化，主要是重组人力、资源、资金与技术等现代农业要素，优化农业产业结构，实现高效科技的现代农业与新时代一二三产业的融合发展（黄祖辉，2018；陈锡文，2018）。同时，也要注重推进产业发展的特色化、品牌化与优质化，要结合地方自身的特色与优势，形成特色产业发展新模式，且乡村特色农业的发展也充分体现出乡村在产业兴旺与农民富裕方面的基础性角色。

在推进农业农村现代化的进程中，我们要清楚地看到农业人口的城镇化与劳动力转移并非一蹴而就。城镇化的快速发展使大量的农村劳动力流向城市，在一定程度上也加快了农村土地流转与规模化经营的发展进程，且农机设备、科学技术的发展也为其发展提供了必要的技术保障，因此在实践的过程中，不仅要以现代化的规模经营取代传统的粗放型经营模式，也要注重努力培育新型农业经营主体，发展出多样化、适度规模化的经营方式，从而实现小农户与现代农业之间的有效衔接。2019年中央一号文件中指出，促进劳动力要素转移就业、支持乡村创新创业。这不仅积极鼓励农村居民多渠道转移就业，也鼓励外出农民工、高校毕业生和城市各类人才下乡创新创业，通过劳动力要素的流动、人才的引进、创业支撑服务平台的建立、创业优惠政策的完善等，促进城乡劳动力要素的融合。

与此同时，乡村旅游业作为一种新型的经济产业形式，呈现出精品化、特色化与全域化发展特点，有效促进了乡村经济社会的可持续发展，成为实现产业振兴、城乡融合发展的重要路径。乡村地区拥有丰富的自然资源、生态资源与文化底蕴，大力发展乡村旅游产业可以完善当地的公共基础设施建设，优化农村地区的空间结构，有效解决农村剩余劳动力的问题，增加村民收入，更新村民传统的发展观念，转变农村经济发展方式，培育乡村经济发展新动能，也有利于乡村地区地方文化景观的保护，推动地方生态环境的可持续发展，提升乡村旅游的经济效益、生态效益与社会效益相统一（陆林等，2019）。同时，乡村旅游业的发展也可以有效促进要素的优化重构，其产生的辐射效应可以延长生态产业链条，促进乡村城镇化与"三产"融合的发展，深化农业供给侧结构性改革，从而推进农业农村现代化与城乡融合发展进程。

（二）美丽乡村建设：构建生态宜居与生态保护的新乡村

构建生态宜居与生态保护的美丽乡村是实现城乡融合发展的主要抓手。西方国家的乡村发展主要遵循"先污染，后治理"的发展道路，这是建立在工业文明的现代性基础之上形成的发展路径，新时代下我国的乡村振兴是一条可持续发展的道路，主要表现为在发展的过程中大力倡导生态文明建设与美丽乡村建设，实现人与自然的和谐共生，即我国的乡村振兴不是以牺牲生态环境为代价的发展，而是构建生态宜居与生态保护下的环境优美新乡村，主要包括丰富的生态资源、优美的人居环境、整洁的村容村貌。通过美丽乡村建设，实现经济发展、村容村貌、生态环境、乡风文化与人的全面发展（黄杉等，2013），坚守生态红线，实现乡村生态保护与开发利用的和谐统一，让乡村成为"望得见山、看得见水、记得住乡愁"的美丽乡村（陈龙，2018）。

生态宜居的融合能够更好地促进城乡间人居环境的融合和生态环境的融合。近两年，中央一号文件都提出要推动农村人居环境的整治，特别是2021年中央一号文件中提出要实施农村人居环境整治提升五年行动。农村人居环境的整治主要包括厕所革命、污水处理、生活垃圾处理和村庄整体清洁。首先，农村地区旱厕滋生出的病毒及飞虫不利于人体健康，且厕所无公害化改革也有利于粪便的收集利用。农村厕所革命要求各地选取适宜的技术和改造方式，完成农村地区厕所的无害化改造。其次，污水处理主要是农村生活污水和工业污水的治理。农村地区水体的污染不仅会造成生态的破坏，更会对人体造成伤害，因而一号文件中多次强调梯次推进农村污水治理，因地制宜建设污水处理设施。再次，农村地区的生活垃圾大多无固定放置地点或有固定放置地点而无合适处理方式，而城市地区不仅有固定放置地点，部分城市甚至开始切实落实垃圾分类政策，因而农村地区也需建立健全生活垃圾收运处置体系，建设一批有机废弃物综合处置利用设施。最后，村庄整体清洁是相较于城市地区环卫工作而言的村庄清洁和绿化行动，为此，2021年的中央一号文件也指出"有条件的地区推广城乡环卫一体化第三方治理"。

　　中央一号文件几乎每年都提到生态宜居具体内容要求，大致分为以下几点。首先是统筹山水林田湖草系统治理。将其作为生命共同体，统一保护、统一修复。其次是加强农村突出环境问题的综合治理。主要包括农业生产过程中产生的污染、农业收获过程中产生的污染、养殖业发展过程中产生的污染及生活污染。再次是建立多元化的生态补偿机制，主要针对需要退耕还林、禁止捕捞的水域等对农民进行市场化的补偿，通过对所涉及的农民进行经济补偿从而制止对生态环境的破坏。最后是增强农业生态产品和服务的供给，主要通过农村良好生态环境的创造去发展服务业、观光旅游业等服务性产业，从而促进生态发展和经济发展的良性循环。农村地区由于农业对于土地的依赖性要求对土地进行保护，维护生态环境。这一系列生态环境的整治工作，有利于推进美丽乡村建设，而美丽乡村建设也可以进一步保护乡村地区的生态环境，以更加优美的居住条件构建生态宜居的新乡村，这也加快了我国用科学技术解决乡村环境污染与整治的进程，提升了现代科技水平保护环境的理论价值与实践意义，同时，也加速了乡村旅游业的发展，从生态环境与经济样态方面促进了城乡融合发展的进程。乡村旅游的发展验证了"绿水青山就是金山银山"的发展理念，乡村旅游业的发展不仅可以给当地的居民带来巨大的就业机会，发展繁荣当地经济，也对保障居民生活、保护生态环境起着关键作用，具有经济与社会双重功能。

（三）乡风文明建设：传承并发展优秀传统的乡村文化

建设乡风文明的乡村是新时代实现传统文化与现代文化融合的内在要求。乡村是文化传承的重要载体，文化是乡村振兴的灵魂，乡村地区的乡风文明建设关键在于挖掘乡村传统优秀文化。乡村文化是乡风文明建设的文化基础，以家风家训、德孝文化、社会主义核心价值观等引领乡村地区文化新风尚，充分发挥乡村群众的主体性与积极性，促进乡风文明与社会和谐。乡村文化有着自身鲜明的特点和发展规律，乡风文明首先要着重把握乡村作为文化传承载体的重要性，深入挖掘中华民族优秀传统文化的内在价值观念、人文精神和道德规范（唐任伍，2018）。同时，在新时代下创造性地传承与发展优秀传统乡村文化，并实现传统文化与现代文化的有机结合，深入挖掘乡村地区优秀的传统文化，注重保护乡土特色建筑、地方文化与非物质文化等地方特色，以此提升乡村地区整体的道德水平，改善乡风文明，最大限度地发挥出乡村优秀传统文化的时代价值与意义，以此重塑乡村文化自信，并为乡村的可持续发展提供必要的文化支撑与保障（朱启臻，2018）。

2019—2021年的中央一号文件都提出要加强农村公共文化的建设，主要包括农村自身乡土文化的培育、文化资源的倾斜、文化内容的扩展和文化市场的拓展。在培育乡土文化方面，自身乡土文化培育的主要内容是保护优秀历史文化、发扬本地区特色文化、创作生产相关主题文艺作品。首先要保护农村历史文化、文化遗产、古树名木等。其次，要弘扬农村现实风貌。办好中国农民丰收节，支持"三农"题材的文艺创作生产，促进农村文化在城乡间的传播，展现农村的精神风貌和乡村振兴后的改变，促进城乡文化的融合及城乡经济的交流。最后，大力培养乡村文化人才，不仅包括农村文化人才的培育，也包括城市地区优秀人才的培育。既要培育发掘乡土文化本土人才，也要鼓励引导社会各界人士投身于乡村文化建设。

在文化资源倾斜中，一方面，建立健全乡村自身公共文化服务体系，要在农村按照"有标准、有网络、有内容、有人才"的要求健全乡村公共文化服务体系；另一方面，深入推进文化惠民，公共文化资源重点向农村倾斜，给农村、农民提供更好、更优质的公共文化。这种公共文化，不仅包括农村优秀文化，也包括现代化发展过程中城市地区产生的优秀文化。在文化内容的扩展中，要积极借鉴城市文化和外来优秀文化。同时，积极拓宽农村文化市场，促进城乡文化的融合及文化和经济的良性互动。活跃农村文化市场，丰富农村文化业态，促进农村的文化传播和城乡公共文化建设和精神文明建设的融合。

（四）治理体系建设：形成党建引领与"三治"融合的乡村治理体系

逐步完善乡村治理体系、实现乡村治理法治化是实现城乡融合的目标导向。基层党组织作用的发挥指乡村治理体系中坚强战斗堡垒的建设，主要包括党组织的建设和党员、干部作用的发挥。要大力强化农村基层党组织的领导核心地位，切实推进基层党组织在乡村振兴中发挥作用；建立第一书记派驻长效工作机制，选拔优秀干部入驻乡村振兴任务艰巨的村庄；健全县级党委抓乡促村责任制，县级党委要定期排查和解决基层党组织的突出问题。全面落实基层党组织运转的经费保障政策，确保基层党组织的常规运行。实现农村带头人队伍的整体优化，加大从高校毕业生、农民工、退伍军人、机关企事业单位党员中选拔优秀人才到村任职,并建立健全从优秀村党组织书记中选拔乡镇领导干部、考录乡镇机关公务员、招聘乡镇事业编制人员的常态化机制。全面推行村党组织书记经合法程序兼任村委会主任,实行村"两委"班子的交叉任职,提升村委会成员和村民代表中的党员比例。加大在优秀村民中发展党员的力度,并建立农村党员定期培训的制度。

构建乡村新型治理体系。首先,国家要在乡村地区的法治化中,明确乡村社会法治的主体与责任,逐步完善乡村法治体系,通过加强对民众的法治教育及对执法人员的监管,有效提高民众的法律认知水平,为乡村地区法治化奠定坚实的法律基础;其次,我国自古奉行"皇权不下县,县下皆自治"的治理模式,自古的乡村社会大都依靠乡村精英——掌握正统儒家文化的士绅群体,形成了较为完善的自治体系,以此维持社会秩序与正常运行,这种"士绅治理"的柔性治理模式成为我国几千年来乡村社会治理的传统,这种传统也使当前的乡村结构呈现出熟人社会的特点,形成了内生性的"村规民约"及互助互惠、诚实守信、自我调节、自我化解矛盾的机制,这些机制对村民的行为规范起着约束与规劝的功能。新时代下的乡村治理要充分发挥乡村自治与德治的传统优势,通过家风、乡风与民风建设,培育文明新风尚,弘扬社会主义核心价值观,充分发挥新乡贤在乡村治理中的作用,以德化人,形成乡村地区的德治约束机制;最后,逐渐健全完善乡村自治制度,选齐配强村"两委"班子,清晰社区组织的权利责任,使其保障、维护好村民自主管理村级事务的权利,培养村民的集体意识与参与村级事务的习惯,使村民充分发挥自主性与主体意识,从而激发村民参与乡村自治的积极性与热情,营造良好的乡村自治氛围。

治理有效的乡村是国家治理体系现代化、乡村德治与村庄自治有机结合的必然要求,既体现出我国乡村地区治理方式的多元化,起到刚柔并济、张弛有度的良好治理效果,也体现出我国乡村"三治"融合治理体系的可持续性。新时代下,我国的乡村治理应充分利用乡村社会特有的传统优势,在党建引领的作用下,构建自治、法治与德治相结合的"三位一体"乡村治理体系,大力推进乡村基层治理法治化，逐渐与城市现代化治理模式相融合。

（五）社会融合建设：稳步推进区域协同发展

推进城乡、区域的协同发展是实现乡村振兴与城乡融合的价值追求。区域协同发展的关键在于区域经济的形成，通过经济活动聚集和连接在一起的地区，互相协作，形成一个经济区域，通过体系化的良性运行形成区域经济共同体的发展模式。随着改革开放的纵深推进，农村地区的工业化和城市化走向了城乡一体化的发展方向，市场经济的成熟也使因行政区域而分割疏离的经济关系，转变为有协作、互补和超越行政区域需求的发展关系，这种超越行政区划的经济区域发展也是市场协作的内在规律，在日益精细化的社会分工下，区域间的相互联系、优势互补也变得越来越紧迫与必要。这种区域协同发展也形成了"共同规划，有无相济，互利互惠，共同繁荣"的发展原则与共赢局面。

最初，区域协同发展的政策是针对少数民族地区建设提出的，后来丰富为缩小我国东西部发展差距。习近平总书记指出："东西部扶贫协作和对口支援，是推动区域协调发展、协同发展、共同发展的大战略，是加强区域合作、优化产业布局、拓展对内对外开放新空间的大布局，是实现先富帮后富、最终实现共同富裕目标的大举措，必须长期坚持下去。"我国是一个东西地区发展很不平衡的国家，开展东西协作扶贫可以充分体现出共产党人帮助少数民族与贫困落后地区加快发展的思路、缩小区域发展差距、实现共同富裕的必然要求，也是统筹区域协同发展的必由之路。新世纪以来，国务院要求："在中央和地方政府指导下，动员社会各方面力量加强东西对口支援，进一步加大对西部贫困地区、少数民族地区的支援力度，继续推进'兴边富民'行动。围绕西部开发的重点区域，发展多种形式的区域经济合作。"在新发展阶段，东西协作实现了重心下移，重点推动乡村层面的有效对接，共建一个互利共赢、优势互补的区域协同发展格局，从而实现共同富裕的发展目标，这对促进地区之间的均衡发展、城乡之间的融合发展，缩小城乡发展差距，有效推动区域间协调发展十分重要（李小云，2017）。

2019年3月，党中央在《关于新时代推进西部大开发形成新格局的指导意见》中强调："深入实施乡村振兴战略，做好新时代'三农'工作。培养新型农民，优化西部地区农业从业者结构。以建设美丽宜居村庄为目标，加强农村人居环境和综合服务设施建设。"新时代下，我们的发展道路要注重提高均衡性与协调性，健全城乡融合发展体制机制，以乡村振兴战略为发展指南，在推进区域协同发展的同时带动乡村产业经济、美丽乡村、乡风文明、治理体系的振兴，加快形成发展新格局和以工促农、以城带乡、工农互惠、城乡一体的新型工农城乡关系，逐步实现城乡居民基本权益平等化、城乡公共服务均等化、城乡居民收入均衡化发展，推动区域间更紧密地协同发展，实现新型社会大融合局面。

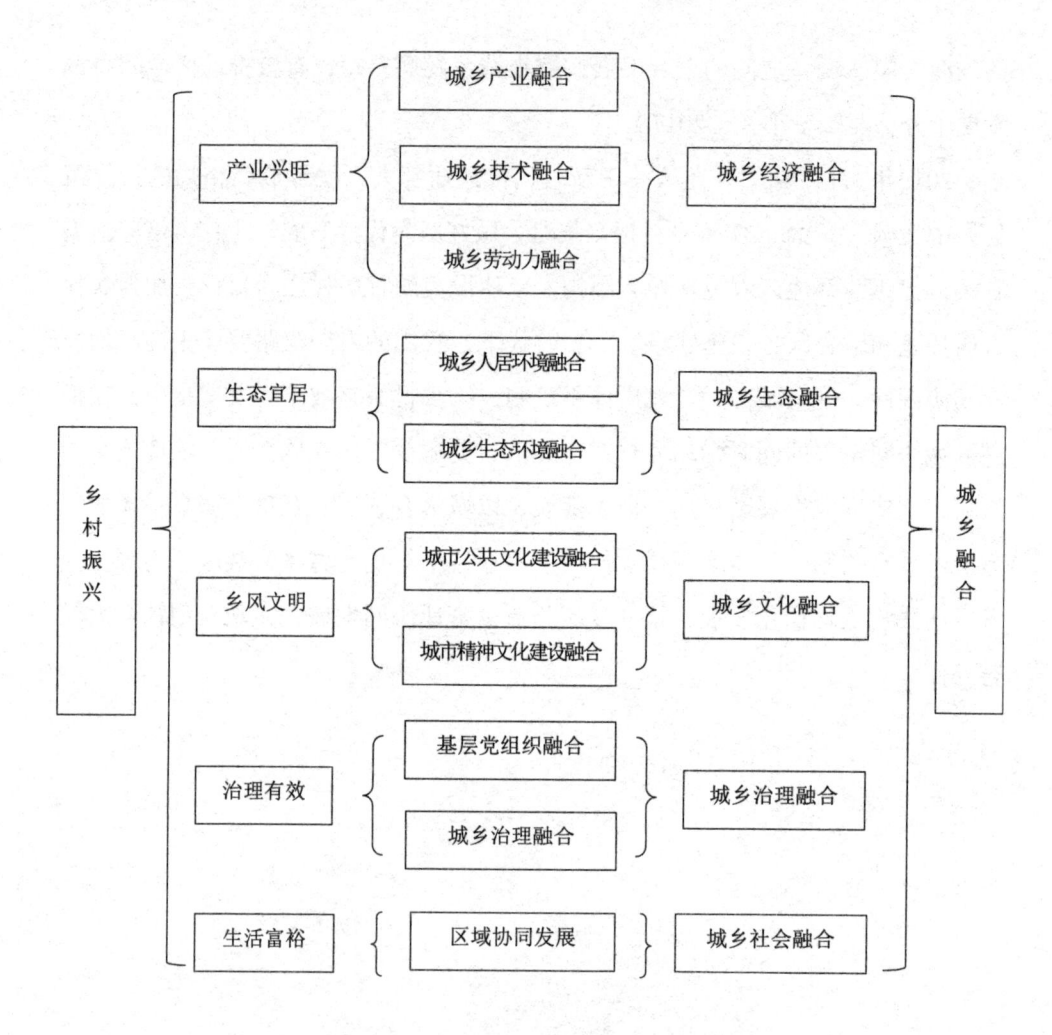

图 1-1 乡村振兴与城乡融合机制

马克思主义的城乡关系理论指出，人类城乡关系发展要经过城乡依存——城乡分离——城乡融合三个发展阶段，这一观点在我国也进行了本土化的发展，纵观我国城乡关系的变迁也不难发现具有相似性。中华人民共和国成立初期，面对当时的国情，中央提出了"优先发展重工业"的发展思路，虽然出现了城乡分治的样态，但这一阶段城乡关系实质上仍然相互依存，城市工业的发展需要大量农村农业的剩余资源补给，而工业的进步也在一定程度上促进了农村农业的发展，正如毛泽东所言："城乡必须兼顾，必须使城市工作和乡村工作，使工人和农民，使工业和农业，紧密地联系起来，决不可以丢掉乡村，仅顾城市。"这一阶段虽然以牺牲农业促进城市工业发展，但不可否认的是工业的发展极大地提升了当时农业生产力的水平。此外，我国赖以进行现代化建设的物质技术基础，很大一部分是在这个期间建设起来的，全国经济文化建设等方面的骨干力量大部分也是在此期间培养和积累起来的。这一阶段是我国社会主义建设的探索时期，也是党在探索中国建设社会主义道路的关键十年。

十一届三中全会正式确立了我国改革开放的发展道路，国家引入了社会主义市场经济体制，进行了一系列的制度改革与实践探索，这一阶段的城乡关系处于对立缓和的发展状态，经济、政治、社会等体制的改革有效地破解了上一阶段形成的"城乡二元结构"状态。进入新世纪，"三农"工作一直是我党重中之重的工作，从西部大开发战略的提出，到十六大的召开、社会主义新农村建设、城乡一体化发展，再到精准扶贫、乡村振兴战略的提出，从农业现代化到农村农业现代化，都在将我国的城乡关系推入一个新的发展阶段。这一阶段我国城乡发展的战略，由统筹城乡发展、城乡发展一体化，再次上升到城乡融合发展，既反映出国家"三农"政策一脉相承的特点，又符合新时代的阶段特征和具体要求，突出了乡村发展的中心地位和城乡关系的平等地位，使城市和乡村成为不同生活方式的平等选项，也标志着中国特色社会主义城乡关系进入发展的新时代。

习近平总书记在全国脱贫攻坚总结表彰大会上的讲话指出："坚持把解决好'三农'问题作为全党工作重中之重，坚持农业农村优先发展，走中国特色社会主义乡村振兴道路，持续缩小城乡区域发展差距，让低收入人口和欠发达地区共享发展成果，在现代化进程中不掉队、赶上来。加快农业农村现代化步伐，促进农业高质高效、乡村宜居宜业、农民富裕富足。"当前的城乡融合发展旨在克服"城市偏向"的发展思维，将城乡发展放在同等重要的位置，从而实现优势互补、协同发展的新格局，乡村振兴战略是以乡村为主体的发展战略，其目标是在保持乡村独立性和差异化的基础上实现城乡间融合发展，以此消解我国城乡发展的不平衡性和不充分性，也是在城乡协同发展的基础上坚持优先、重点发展农业农村，补齐农业农村发展短板，为我国实现社会主义现代化奠定坚实的基础。

纵观我国的城乡关系变化，从中华人民共和国成立初期的"城市工业偏向""城乡分治"局面，到改革开放时期的城乡对立缓和发展格局，再到21世纪的新农村建设，十六大提出的统筹城乡发展，新时代提出的城乡融合发展方略。可以发现，我国的城乡关系一直在适时地探索、调整与完善，每一个发展时期城乡都不是完全分裂发展，而是根据当时的国家发展的研判，有重点、有目的地发展。新时代下的城乡融合发展是对统筹城乡发展、城乡发展一体化战略的继承和发展，既具有鲜明的时代特征，也具有鲜明的目标导向和价值导向。

第二章

探索与创新：城镇化与城乡融合发展

城镇化是将生活于农村中的个人或群体市民化，也是指农村人口转变为城镇人口的过程。中国自20世纪80年代改革开放以来，突破了城乡二元体制格局，逐步建立了市场经济体制，促进着农村人口向城镇地区的大规模流动，推动了中国城镇化与城乡融合发展。中国城镇化阶段中的扩充增能与基础设施建设需要国家大规模的财政投入，这对于处于经济发展阶段的中国来说，需要正确处理经济发展与民生基础性投入的矛盾问题。此外，中国作为国际城镇化发展中的后发展国家，相较于其他国家而言，需要面对更加错综复杂的发展局面。因此，中国城镇化与城乡融合发展道路需要在借鉴国外经验的基础之上，基于本土城镇化实践探索经验，进行理论创新与制度创新，从而实现中国城镇化发展过程中的城乡区域协同发展。

中国在探索城镇化发展的道路中，提出了许多富有卓见且符合国情的城镇化模式与理论，如费孝通提出的小城镇发展理论、新型城镇化发展模式、半工半耕与渐进城镇化发展等。本章将在理解美国、欧洲与亚洲其他国家城镇化发展模式的基础之上，梳理中国城镇化与城乡融合发展的探索历程，进而理解中国城镇化与城乡融合的创新机制，并提出"城市乡村化"与"乡村城镇化"这对创新理论命题。中国的城镇化发展是在党的领导与各级政府、人民群众的共同努力之下，走出的一条与世界其他国家城镇化发展截然不同的道路，既体现着中国特色社会主义的优越性，又体现着中国共产党以人民利益为核心、全心全意为人民服务的本质。

一、国际城镇化发展及其对农村发展的影响

基于资源禀赋、国家发展史、城镇化发展政策的差异，不同国家的城镇化道路与发展模式各不相同，根据世界区域划分、国家人民生活水准及国家城镇化率等指标，可以将世界各国城镇化模式划分为三种：以美国为典型代表的北美发达国家的城镇化发展模式；以英国、法国等西欧发达国家为代表的欧洲城镇化发展模式；以日本、韩国等二战后新兴资本主义国家为代表的亚洲城镇化发展模式。本节将以上述区域内的典型国家城镇化发展案例为对象，探讨不同地区城镇化发展差异的原因、形成机制以及在中国城镇化发展中可借鉴的经验与启示。

（一）美国城镇化发展模式

美国城镇化发展的基本情况。美国自独立战争后，东北、中部与南部地区逐步由殖民地农业经济向轻工业转型，迈向初步城镇化阶段。美国初步城镇化阶段，中西部地区与东部区域具有明显的差异性。受到矿产大开发与淘金浪潮的影响，西部地区直接跨越了殖民地农业经济的发展阶段，依托矿业开采、冶炼等矿产开发产业链条与配套产业的发展，促进人口、资源的流动与聚集，进而实现了地区城镇化发展。独立战争直至第二次工业革命前，美国的城镇化发展的比例较低，尚未达到30%，且城镇化速率较低，属于城镇化发展的初期。美国大规模城镇化发展始于19世纪中后期的第二次工业革命。第二次工业革命促进了生产要素与资本要素的积聚，推动美国人口大规模地由农村向城市进行迁移，城镇地区开始进行现代化城市建设。同时，美国将第二次工业革命所产出的新兴技术运用于农业生产，促使现代农业农场化改革取得显著成功，进而

从农业释放了大批劳动人口，为国家工业化发展提供了充足的劳动力。美国在19世纪末至20世纪初，借助城镇工业化与现代农业农场化，解放了大批农业劳动力，并制定了相关政策逐步将农业剩余人口向城镇地区进行转移，提升城镇人口数量，进而依托城镇工业产业，发展出一批大型城市。美国现代城市网络是由大型城市为核心，构建涵盖大型城市、中型城市、小型城市（乡镇）的三级城镇体系，并依托大型城市构建城市集群，实现不同层级城市之间的功能互补。第二次工业革命开始直至1960年前后，美国城镇化发展进入快车道，由1880年的28.2%提升至1960年的69.9%。1960年之后美国城镇化进入缓慢发展的第三阶段，从1960年直至现今，城镇化率仅提升13%左右。此外，1960年后美国城镇化发展中的"城市病"困境凸显，人口由大型城市逆向迁移至中型城市与小型城市（乡镇），人口流动也从城镇化的由中部地区向东西部地区流动转变为由东西部地区向中部地区流动。

美国城镇化发展的主要做法。第一，美国依托科技革新，将工业化、信息化与技术化充分融合于城镇化的发展之中，依托科技力量统筹工业与农业的协调发展。在现代化与科技革新的同时，美国政府号召科技公司将新型技术运用于农业与工业生产之中，促进新型技术与农业生产保持密切的联系，进而从农业生产之中解放更多的劳动人口，推动农业剩余人口由农村向城镇进行流动。第二，美国在城镇化的发展过程中打破国家行政区域规划，依据不同地区的产业发展与聚集类型，在产业聚集的前提下推动城镇集群的建设。在产业推进城镇化的过程中，美国政府将交通运输业的建设作为带动城镇化的基础性与先导性产业进行优先布局发展。第三，美国依托产业与交通运输业的发展优势，能够有效整合各类生产、经济要素，进而推动大型城市的建设，再依托大型城市带动中小型城市的协同发展，打破行政区域规划，有效构建"都市圈"与"城市集群"，实现多级城市体系协同式发展与功能性互补。第四，美国在国家城镇化建设的过程中奉行自由经济理论，即最大限度地降低来自政府对于市场经济的干预。在城镇化建设过程中，美国政府注重利用市场经济体制，突出市场调配机制在人口就业、资源调动与城镇化发展中的作用。同时，美国的各州政府制定本州农业农村发展的政策，通过加大农村基础设施建设的投入并制定相对应保障农民群体合法利益的法律法规，调动市场资源配给农业发展领域，并利用工业剩余对农业生产进行反哺，进而降低国家工业化进程对于农业发展带来的损害。

美国城镇化发展的主要特征。第一，美国的城镇化发展具有明显的内生性特征，受到产业发展与技术革新的影响较强。美国城镇化的不同发展阶段与资源开采、科技发展、产业革新、交通网络建设保持着紧密联系，战争、灾害等外部因素的影响较弱。虽然政府对于城镇化发展制定有相关的规划与方针，但是城镇化速率受到政策的影响较弱。第二，美国的科技与技术革新蕴含于工业产业发展之中，产业的发展需要劳动力与资本的流入，进而直接推进美国城镇化发展。并且，美国根据不同工业产业的发展形成了具有聚集性特征的城市集群，例如以汽车制造业为核心的底特律城市集群与以航天、信息技术为核心的西雅图城市集群。第三，美国的城镇化具有循序渐进的阶段性特征。美国城镇化的发展深受国家经济发展、科技进步与产业革新的阶段性发展的影响。美国城镇化的发展不是一蹴而就形成的，在不同的城镇化发展阶段中存在城镇化率与城镇化速率的显著差异。第四，美国城镇化后地区人口分布较为均衡。美国在南北战争后，城镇人口主要分布于东北部与南部地区。而在西部大开发后，东北部与南部地区的人口开始缓慢向西部地区迁移，直至20世纪50年代前后，西部总人口数量才达到美国总人口的13%左右。20世纪50年代后，美国重工业体系与新兴技术产业逐步向西南迁移，促使西南部人口快速增长，2010年美国西部人口数量达到了全美人口数量的20%左右。总体来看，当前美国城镇人口的地区分布较为平均。此外，外来移民人口是美国城镇人口提升的重要来源。早期美国人口数量较少成为制约国家发展与城镇化建设的重要因素。为此，美国政府自独立之后，坚持拓宽移民渠道，制定较为宽松且优厚的"移民法案"，吸引大量的外来人口移民美国，而移民中的绝大多数人口定居于城市之中，成为美国城镇人口的重要组成部分。

（二）欧洲城镇化发展模式

欧洲城镇化发展的基本情况。近代城镇化起源于欧洲大陆，而欧洲的农村城镇化进程最早始于13世纪。从13世纪中叶开始，中小型城镇便在欧洲的农村中兴起，发挥着为农村提供生产性与生活性服务的功能，依附于农村进行生存与发展。从16世纪开始，随着镇域轻工业化的兴起，乡镇逐渐开始具有生产性功能，进而逐步脱离对农村的依附，具备独立物质生产与消费生活系统，并对乡镇周边的村落进行吸纳与整合，促进了手工工场与轻工业体系在乡村的建立，这一阶段被称为原工业化时期。欧洲早期的城镇化道路与乡村生产生活关系，既体现着城市建设与乡村发展的结合与分野，又体现着城市与乡村共同为国家经济发展提供基础性支持。

第一次工业革命最初于18世纪60年代发端于英国，棉纺织业的机械发明与革新、蒸汽机的发明与运用、近代铁路与公路交通体系的构建，共同推进着以农耕、简单手工业为主的传统农业体系向以蒸汽、纺织机械制造业为主的近代工业体系转型，促使传统的乡村社会向工业社会进行转型。城镇的工业化需要大量劳动力，这一时期英国《公有地围圈法》的出台，标志着"圈地运动"的合法化，资产阶级新贵与旧势力权贵所推行的"圈地运动"，导致农民失去了赖以生存的土地，被动地卷入工业化的浪潮，致使农民身份被工人身份所取代，城镇居民数量大幅上涨。第一次工业化的浪潮由英国开始，席卷欧洲，大部分欧洲国家紧跟英国工业革命的步伐，通过推进本国的工业化建设，提升本国城镇化率。

受到两次世界大战的影响，20世纪上半期欧洲城镇化水平并未有所提升。第二次世界大战结束后，1950年代欧洲城镇化开始加速，直至21世纪初期欧洲城镇化速度才有所放缓。21世纪初，以英国、法国、德国为首的欧洲发达国家，城镇化水平位于世界前列，城镇化率超过90%。其余欧洲发达国家城镇化率普遍超过70%。欧洲各国制定的城镇化政策与本国的城镇化率虽有不同，但从总体上看，受到欧盟宏观政策的影响，各国城镇化的政策逻辑与实施样态较为一致。

欧洲城镇化发展的主要做法。第一，城乡平衡原则成为欧洲城镇化政策制定的核心逻辑。欧洲各国逐渐清晰地认识到工业化对于生态、环境等自然外部条件带来的损害，同时后工业社会的城镇化发展同样为农业、农村地区的发展带来一定的消极影响，最为明显的便是欧洲发达国家内部的城乡发展不均衡问题。因此，欧洲各国自二战之后便注重从城乡平衡的原则出发，制定相应的城镇化政策。如英国在城镇化的过程中，将以纺织业为代表的轻工业体系，逐步由城市迁移至乡村，实现农村的工厂化，进而带动城市居民与农村居民流入乡镇地区，为乡镇的配套产业发展提供劳动力与消费群体，从而提升城镇化率。第二，农村就地与近地城镇化成为欧洲城镇化发展的主流，体现了城乡平衡的大原则。欧洲就地城镇化的实施方法，一是将本国国内的大中型城市的工商业体系逐步扩展至城郊与乡镇地区，带动城郊、乡镇居民的就地消费，逐渐将城郊变为城区；二是受到20世纪末期与21世纪初期全球发达国家"逆城市化"的影响，"乡村复兴"受到欧洲各界的持续关注。欧洲各国出台相对应的政策，吸引城市居民回乡居住、生活并在城市工作，从而带动乡村各项配套产业的复兴。第三，欧洲"特色小镇"的建设。"特色小镇"是指以村镇作为地区性特色产业的发展场所，依托独特的自然景观、历史文化遗址、经济支柱性产业，实现农村的就地城镇化，缓解城市交通、医疗、教育等资源配给不充分的压力。在欧洲农村就地城镇化的实践过程中，欧洲"特色小镇"理念一经提出便受到全球各国的普遍认可。欧洲各国政府利用财政资金、市场资源，在不破坏村庄、村镇原有自然与人文环境、历史的同时，将其改造为具备现代生活与居住条件的家园，使其既适宜于本国居民的居住，也适宜于国外游客的参观与旅游，从而实现乡镇居民生活、就业、创收同步协调，以达到资源利用事半功倍的效果。

欧洲城镇化发展的主要特征。第一，城镇化过程中的"去核化"。欧洲城镇规划大多采取有序化、规范化与城乡一体化模式，从而将传统村落蕴含的经济价值、生态价值、旅游价值与城镇化进程接轨，以充分发挥不同特色村落的独特性价值。自二战以来，欧洲国家的城镇化发展开始采取"去核化"方式，在原有村镇的基础之上，将城镇的功能、价值与资源分散与重新配置，进而形成多中心的城镇化发展模式。第二，欧洲城镇化过程中注重对自然要素与生态环境的保护。欧洲在城镇化过程中，日趋注重合理利用自然资源要素，将自然保护与城镇化相结合。如英国在20世纪中叶，通过划分自然景观保护地区，有效保护了本国的自然景观带，并在城镇化的过程中提出保留传统乡村、自然风貌特色。再如德国于20世纪70年代和90年代分别提出的"乡村规划"与"乡村更新规划"，利用政策和法规，降低核心城市在城镇化进程中的带动作用，并在逐步推进城乡基础设施建设与一体化建设的同时，保护乡村原有的自然风貌。第三，在城镇化发展过程中促进多产业融合发展。注重产业在城镇化过程中发挥的主导效益，是欧洲城镇化历程中的鲜明特色。比如法国的"酒庄"波尔多、意大利的"巧克力之都"都灵等，都是将手工业、种植业与服务业等区域特色产业融入城乡发展之中，减弱城镇化发展中对于乡村产业的吸纳，从而实现依托特色产业的城乡融合发展模式，形成了一批特色产业小镇。

（三）亚洲其他国家城镇化发展模式

亚洲其他国家城镇化基本情况。作为世界人口数量最多的大洲，亚洲多数国家城镇化发展较晚，现代城镇化发展始于第二次世界大战结束后，属于后发型城镇化模式。因此，亚洲各国城镇化呈现为基础较弱、发展不均衡与路径差异显著的特点。根据亚洲发展银行有关城市发展水平和人均国内生产总值的比较研究，可以大致将亚洲国家城镇化分为三个类别：一是高度城镇化地区，包含日本、韩国、新加坡等发达国家；二是中度城镇化地区，包括中国、菲律宾、泰国等发展中国家；三是低度城镇化地区，包含印度、柬埔寨、老挝等发展中国家。

从区域差异来衡量亚洲城镇化建设，可将亚洲分为以下四个主要区域。东亚是亚洲地区最早开始实施城镇化的地区，其城镇化率也位于亚洲前列。西亚地区的部分国家如以色列、卡塔尔等国家的城镇化建设虽然发展较晚，但是依靠国内开采的自然资源对外销售，国家经济积累迅速，推动本国城镇化发展达到了较高水平。反观伊拉克、叙利亚等国家，常年受到战争影响，国内政局不稳定，本国经济发展停滞甚至倒退，进而导致城镇化发展停滞或倒退。南亚各国虽然从形态上发展出了城市，但是受到国家经济、文化、制度、历史等多方面的影响，城市内部缺乏现代性要素，充满乡村社会的特征，城镇化水平较低且城镇化发展不完全。如印度，虽然人口众多，但是城镇化率不足32%，城镇化率相对降低且增长缓慢。东南亚地区的城镇化水平相对较低，虽然有个别国家城镇化率超过了50%，但是大多数国家的城镇化率仅为30%~40%。东南亚国家城镇化发展表现为人口集聚于大城市之中，存在城市与农村发展二元分割的现象。

亚洲其他国家城镇化主要做法。第一，日本的城镇化进程与其工业化进程紧密相关。从宏观上看，日本的城镇化进程可以分为以下三个主要阶段。第一阶段，城镇化发展的初期阶段，主要从19世纪末日本明治维新开始，直至第二次世界大战之前。明治维新开始以前，日本与中国相似，是一个以农业与家庭手工业生产为主导的国家，城镇人口比例低于10%。自明治维新开始，日本进入工业化阶段，工业化体系逐步建立，导致农业人口大量进入城镇的工厂务工并生活于城镇之中，进而推进了本国的城镇化建设。但是受到第二次世界大战的影响，日本城镇化发展陷入停滞，第二次世界大战结束后，日本的城镇化率为37%。第二阶段，城镇化快速发展阶段。从20世纪50年代开始直至70年代末期，日本工业化进入快车道，进而促使城镇化率不断提升，这一时期日本城镇化率年均增长2%。20世纪70年代末期，日本城镇化率达到了75%。第三个阶段，城乡一体化阶段。日本随着城镇化率的不断提升，高度城镇化与乡村城郊化，使得日本城乡之间的差异日渐缩小，城乡一体化逐步建立，标志着日本城镇化发展达到成熟阶段。日本从20世纪70年代末直至21世纪初，城镇化步伐明显放缓，国家城镇化政策倾向于构建城乡一体化，逐步消减了本国的城乡差异性。

第二，韩国的城镇化进程受到战争、工业化与国家金融体制改革等因素的共同影响。从宏观上看，韩国的城镇化进程可以分为三个阶段。第一阶段，城镇化初期发展阶段。日本于1910年殖民朝鲜半岛，从殖民开始直至20世纪40年代末结束殖民，朝鲜半岛的城镇化率由3%上升至10%。第二阶段，城镇化发展缓慢阶段。从20世纪40年代直至60年代，韩国受到常年战争的影响。在战争结束后，战时大量外迁难民逐步回流本国，回流人口主要在城市与城市周边从事工业生产活动并定居于城市之中。战后的回流人口是该时期韩国城镇化率提升的主要原因。第三阶段，城镇化快速发展阶段。从20世纪60年代开始，韩国工业化步伐加速，政府通过财政改革、政府融资、资本市场融资、私人部门融资等高效且持续的金融改革措施，助力工业化进程与城镇化建设，创造了"汉江奇迹"。在农业领域，韩国政府于20世纪70年代开始倡导以"勤奋、自助与合作"为核心内容的乡村建设运动，国家通过出台配套政策，着力建设农村基础设施，提升农民生活水平，并支持农村发展农协组织，兴建村民会馆，有效提升农民收入水平，进而缓解了城乡生活质量的差异性大的问题。这一阶段韩国的城镇化率由20世纪60年代初的28%提升至21世纪初的80%，实现了高度城镇化的发展目标。

第三，亚洲国家城镇化发展差异较大。《世界城镇化发展展望》预测显示，在2030年前后，东亚与西亚的城镇化率能够超过70%，而中南亚、中亚、东南亚与南亚的城镇化率仅为40%。亚洲各地区城镇化率差异显著体现了地区间发展的不平衡以及大城市对于周边地区的汲取效益，导致部分特大城市容易出现过度城镇化与城市贫困等发展困境。

亚洲其他国家城镇化的主要特征。第一，纵观日本、韩国两国的城镇化进程，城镇化的动力来源于国家工业化浪潮。国家工业化推进产业结构的转型，增加制造业与服务业的就业机会，促进现代城市的形成，促使居住于农村的人口流入城镇的工厂进行务工，进而定居于城市或城郊地区，加速了农村人口向城镇的聚集。第二，农业发展政策进一步推动了城镇化进程。无论是日本还是韩国，在工业化与城镇化的过程中都制定了相关的农业发展与变革政策。两国通过农业政策改革，为城市建设与第二、第三产业的发展提供大量的剩余劳动力与剩余农业产品，从而支持国家的工业化与城镇化。同时，国家对于农业政策的调整，引入现代农业技术、调整人地关系、整合耕地资源，进而释放土地资源，为城镇化的发展提供必要的建设用地，起到积极的推进作用。第三，产业结构调整进一步推动农村人口向城市集聚。在工业化与农业改革的基础之上，国家产业结构由第一产业为主向第二、第三产业并重发展。国家产业结构发展的根本性变化进一步推动了城镇化。第二、第三产业的发展推动着国内劳动力向着产业发展密集地区进行流动，进而形成了一批新发展城市。

（四）国际城镇化发展模式的启示

根据上述的梳理与分析，全球不同地区的城镇化发展模式差异性较大，各个地区城镇化发展的差异与特征如下表所示。

表 2-1　全球部分地区城镇化的发展模式

地区	城镇化主导因素	城镇化发展模式	城乡关系	城镇化率
美国	科技主导下的产业积聚	多层级城市圈	城乡互补与农业专业化	85%
西欧	工业革命与资本主义发展	近地城镇化	城乡一体化与特色小镇	70%
日本	工业革命与战后工业复兴	工业推动核心城镇建设	城乡一体化	78.5%
韩国	财政改革、政府融资、资本市场融资	政府引导城镇建设	乡村建设与城乡融合	80%

各个地区的城镇化经验对于中国城镇化发展的启示主要可以从下述几个方面进行总结与梳理。

其一，城镇化道路的选择需要深刻认识本国的国情现状。在选择城镇化道路的过程中需充分认识到本国的国情现状，将国家发展的历史积淀融入城镇化道路之中，充分发挥本国现有的优势资源与独特条件，在城镇化的过程中将不利条件转化成有利条件，进而在城镇化工作中起到事半功倍的作用。特别是在农村城镇化的过程中，更加需要深挖本国农村的内生性优势资源，将本国农村独特的乡土性融入城镇化发展之中，降低城镇化过程对于农村、农业产生的消极影响，平衡城乡之间的差异性，增加农村居民对于城镇化过程的认同感与满意度。如美国人地关系缓和，人均耕地资源超过6亩，使得传统农业的耕作需要依靠较多的人力资源，以保障农业种植产量。美国的工业化同时需要大量的农业劳动力人口进入工业领域，维持工业发展的需要。因此，如何既保障农业种植，又能够为工业发展提供充足的劳动力，便成为美国城镇化需要面对的重要问题。为保障国家粮食产量与工业发展进程，美国政府出台有关惠农、土地规模经营政策，推进科技行业、制造业的先进技术与产品应用于农业生产领域，有效解决了工业化中劳动力短缺的问题，进而依托国家工业化带动城镇化的高质量发展。反观中国，人地关系紧张，平原地区耕地数量较少，农业规模化经营存在争议，且人口数量成为阻碍中国城镇化的重要因素。因此，中国的城镇化发展需要进一步厘清本国劳动力、土地、就业等多个问题之间的关联性，思考农业现代化与产业化的实施过程中，如何将庞大的农业剩余人口有效转移至工业领域。此外，困扰中国城镇化的问题还有很多，需要中国在充分认识问题的基础之上，进一步挖掘本国固有资源，进而有效推进城镇化建设。

其二，依托产业发展推进城镇化更加有效。城镇化率较高且城镇化后新型城镇人口生活质量得以保障的国家，在城镇化的过程中是以产业发展作为推动本国城镇化发展的主要动力。值得借鉴之处在于，当地区产业发展优先于城镇化的进程或等同于城镇化进程时，城镇化更多是以自主性进行发展的，并由政府再对城镇发展进行二次布局，推进农村居民进入城镇进行就业。产业发展既可以为城镇化居民提供充分的就业机会，保障其入城之后的稳定就业收入，又会依托主导产业带动周边其他产业共同发展，从而构建全产业链条，为城镇居民提供配套的消费与服务，保障城镇化后居民生活水平稳步提升。中国在产业带动城镇化方面存在不足，存在产业与城镇化关联性较低的现象。特别是中国在产业布局中存在明显的失衡，中西部与东部产业发展不协调、不平衡，致使中西部城镇化水平与城镇化质量明显低于东部地区，进而导致人口流动的失衡和"城市病"的出现。因此，中国在城镇化的过程中需要国家的顶层设计，通过产业发展推进高质量的城镇化，实现二三产业与城镇化的融合发展，协调东部与中西部城镇化发展中的不平衡，以及缓解由单一政策推动下城镇化发展中带来的失业、收入水平较低、基础设施不完善等问题。

其三，注重城镇发展规划，聚焦城镇功能定位，建设具有中国特色的小城镇。欧洲各国在城镇化的过程中，注重将自然环境保护、历史文化宣传与城镇建设相结合，通过城镇化发展推进乡村旅游业与服务业的发展；美国将城镇化发展与大农场建设相结合，并且通过建设完善的城郊公路网络，使居住于城郊乡镇的"上班族"能够居住在村、工作在城。上述国家与地区在城镇化的过程中，找准本地区城镇化发展的方向与定位，有效地将本土优势资源与城镇化的发展有机结合。在中国城镇化的过程中，政府能够作为治理主体统合各方力量，推进城镇化建设。因此，政府应该发挥好中国城镇化中的主导作用，既要为城镇建设"谋"规划，又要从宏观政策、制度层面协调城镇化建设与经济发展、生态环境保护、乡村建设等各项工作的关系。中国政府需要致力于将中国本土实际情况与国家城镇化建设相结合，发展具有中国特色的城镇化模式。同时，中国应在城镇化建设中将"以人为本"的理念贯穿于城镇化发展的始终。各级地方政府不应以城镇化率的"数值""指数"为考核标准，而应注重各地区城镇化发展的质量，即充分考察与评估农村居民城镇化后的生活质量与幸福感受，保障以人为本理念、社会公平理念在城镇化过程中的有效运行。此外，政府需要依托项目资源、财政力量、惠商政策，引导市场有效参与新型城镇的基础设施建设、产业发展等民生保障工作，让农村居民在城镇生活获得等同于城市居民享受的物质、精神文明，享受与城市居民一样的生活便利。

二、中国城镇化与城乡融合的探索历程

中国城镇化的起步始于中华人民共和国的成立，1949年中国的城镇化率仅为10.6%。1949年至1957年，中国处于工业化的起步阶段。中国于1950年至1953年间确定从苏联及东欧引入156个工矿业项目，奠定了中国初步工业化的基础。与此同时，中国为保障工业项目的落实与发展，新设11座新型城市，并依托工业项目的实施，促进项目所在地的城镇得以扩张与发展。初步工业化使中国城镇化率在1957年底超过15%。1958年，中国提出"超英赶美"的战略，提出全民兴办工业的实施方案，促使中国工业化与城镇化进入高速发展阶段，城镇化人口于1960年达到19.7%。1961年至1965年，中国对1958年起的工业化政策进行调整，并对城市人口进行精简，使得大批城市人口重新回到农村，城镇化率于1965年降至15%。1966年至1978年，中国受到"文化大革命"的影响，工业化与经济建设处于停滞阶段，并且由于"上山下乡"运动，近千万知识青

年流入农村。近十年间，中国的城镇化率提升不到3%，仅达到17.9%。

中国从1949年开始直至1978年前，为保障农业产出与优先保障城镇居民福利供给，从而有效推进中国工业化建设，政府开始逐步建立起严格的户籍管理条例，最大限度利用工农产品产销间的"剪刀差"效应，获得足额的农业剩余产出，保障工业化的稳步推进。因此，于1958年颁布《中华人民共和国户口登录条例》，标志着城乡二元户籍制度的正式形成。随后，又于1959年出台"严格禁止农村人口向城市流动"的相关文件，并于1975年通过《中华人民共和国宪法》，从宪法层面否定居民的迁徙与居住自由。中国以政治力量、法律条例与国家机器等方式严格限制城乡间的人口流动，严重阻碍了中国城镇化的进程。中国的户籍制度是以国家顶层设计的方式塑造了国家城乡二元结构。从1978年至2017年，中国城镇化发展实现了4次伟大的超越，先后超越了低收入国家、中低收入国家、中等收入国家以及世界平均水平，并于2020年城镇化率达到60%左右。因此，认识中国城镇化与城乡融合发展历程，需要回顾与梳理自1978年后国家城镇化的几个阶段，进而更加清晰地认识中国城镇化发展道路。

（一）农村社会改革推动阶段（1978年至1984年）

1977年《公安部关于处理户口迁移的规定》，是自1950年代后第一次放宽城乡户口二元管理制度，提出逐步开放"农转非"指标，鼓励并允许有条件的农民到集镇落户，将农业剩余劳动力转移至小城镇。自1977年后，中国开始进行城乡户籍制度的改革，但是户籍制度所附带给个人的权利与义务的内容并未随着改革而全部消除，城乡二元结构依然隐性地影响着中国城镇化的发展，体现在：城乡居民所享受的社会福利存在明显差异；农民工在城市内的职业身份地位远低于市民。1978年至1984年是中国城镇化的恢复发展阶段。1978年中国城镇化率仅为17.9%。中国共产党于1978年召开十一届三中全会，通过《中共中央关于加快农业发展若干问题的决定（草案）》，主要指出中国的农业发展问题是具有严重性、紧迫性的问题，需要将工业与农业发展的关系作为调整的重点领域，进一步调动农民的生产积极性，允许社员拥有自留地、自留畜和家庭副业，农村集市贸易是社会主义经济的附属与补充。

十一届三中全会拉开了农村经济体制改革与农村工业化推进城镇化的序幕。1979年获得通过的《中共中央关于加快农业发展若干问题的决定》，认为需要进一步控制大城市的发展规模，鼓励与优先发展小城市与小城镇，允许外出务工、经商、从事服务业的农民进入小城镇转为非农户口，为农业劳动力外出经商、务工提供制度性条件。中国从1979年至1984年进一步放宽村集体利用集体土地发展村、镇办工业，进而健全轻工业体系，拉开了村镇兴办企业的序幕，推动中国农村工业发展第一个浪潮的到来，吸纳了农业剩余劳动力。1982年中央一号文件中进一步明确了"包产到户"与"包干到户"是社会主义集体经济的生产责任制，全国农村逐步推进家庭联产承包责任制的实施，农户在集体制定的口粮性与税收性生产任务的基础之上，多劳多得。激发了农村群众生产的积极性，既提高了农业产量，改变了农业产出供不应求的局面，又解放了农村生产力，为城镇化发展与城市轻工业体系的建立奠定了物质基础与劳动力基础。

这一阶段国家主要通过对城乡二元体制结构松绑与农村社会改革等方式实现城镇化发展。从1978年至1984年，中国政府立足于农业领域，通过多项改革措施打破了旧有城乡二元分割发展的局面，重新激活农业生产，打通城乡劳动力、资源流动网络，城镇化建设得以恢复发展，新型小城镇发展迅速。其中，农村经济体制改革和农村工业化激发了农民生产的积极性，使得农业生产效率大幅度提高，从而改变了中国农业产品供不应求的困境，并且释放了大量的农业剩余劳动力，为后续的城镇化与工业化发展提供了基础。同时，乡镇企业的发展推动了农村地区的工业化进程，使得一批新型的小城镇迅速发展。在这一阶段中国城镇化率由1978年的17.9%上升至1984年的23%，同时中国建制市增至300个，建制镇增至9000余个。由此可见，国家政策的解绑释放了农业经营的主体性，同时国家对于乡镇工业发展的政策支持，既推动了城镇工业化的发展，也使得城镇化取得了长足发展。

对下一阶段的启发是，国家从此开始认识城镇化的本质是人口由农村逐步流入城镇的过程，并在城镇中获得稳定的工作与合法的收入，使劳动者能够凭借自身劳动与收入获得长期居住于城镇的能力，而城镇的发展依靠劳动人口的集聚作为主要动力。中国改革开放初期，与工业化超前发展相对应的是城镇化率的提升不足。户籍制度的改革使个人的非户口迁移成为合法行为，是保障农村人口城镇化的首个制度性基础。此外，将户籍为个人所带来的身份福利作为改革的重点，进而消除城乡户口之间教育、医疗、工资、保险等福利差异，是保障劳动力流动与劳动力市场平稳发展的前提。

（二）城乡经济体制改革推动阶段（1985年至1993年）

1980年代中期，户籍制度在乡镇一级开始松动，允许农村劳动力进入乡镇务工、创办企业，使得农村劳动力及其他生产要素向乡镇进行流动与集中。1980年至1990年，年新增城镇人口数量超过1000万，城镇化率年增长接近1%，10年间城镇化率增长的幅度超过改革开放前26年的增长。80年代末到90年代晚期，城市粮食购销体系、企业招工制度、户籍管理体系与房地产市场的改革与开放，使农村劳动力进一步向大中型城市流动，促使城镇化进程进一步加快。中国城镇化的发展与解除"城镇化抑制"因素的过程相一致。中国政府对农业人口进入城镇务工、劳动、生存制度的放宽，消除了"城镇化抑制"作用，极大地释放了农业剩余劳动力，进而促进农村劳动力的跨地区流动与劳动力市场的建立，显著推进了中国城镇化的发展。

1985年至1992年，中国城镇化进入平稳发展阶段。乡镇企业发展与城市建设、市场经济体制改革成为共同推动中国城镇化建设的动力。中国政府于该阶段提出推进小城镇建设，鼓励农村地区优先兴建集市与市镇，构建乡村农贸交易体系。1985年，为进一步激活农业生产领域的主体性与主动性，中共中央与国务院颁布《关于进一步活跃农村经济的十项政策》。此外，中央政府为进一步推进全国经济发展，对地方政府采取政治集权与经济分权并行的方式，将地方政府官员的政治晋升激励与地方经济发展相结合，以此鼓励地方政府发挥主体性。落实在乡镇企业发展与城镇化建设中，体现为地方政府大力倡导农村地区发展乡镇企业，使乡镇企业异军突起，乡镇企业规模由70年代的150余万增加至90年代的近2000万，乡镇企业从业人口也突破了亿人大关，呈现出"村村点火，户户冒烟"的现象。此时，乡镇企业与传统农业、现代城市工业体系共同构成了中国经济发展的"三元结构"。乡镇企业的发展为农村人口城镇化创造了有利的条件。这一时期虽然存在"农转非"的指标限制，但是"农转非"的指标随着地方乡镇企业发展与城镇化内生需求逐步放开，形成了具有中国特色的依托乡镇工业推动乡村就地城镇化的发展道路。小城镇也由改革开放前的0.2万增加到90年代末期的1.8万，实现了就地"消化"农业剩余人口。

中国政府采取较为严格的政策控制大城市的扩张，同时新开放大连、天津、秦皇岛、上海等14个沿海城市，并在开放的城市中兴办经济开发区。中国通过对外开放战略，逐步形成了沿海、沿边、沿江对外开放新格局，促使大量内陆农村劳动力与国外资本向沿海、沿边城市聚集与整合，形成了"东高西低"的全国城镇化梯度格局。中国改革开放战略给予沿海城市优惠的政策环境，但在一定程度上导致了东、西部资源配给的不平衡，进而使西部城镇化与经济建设发展缺乏有利的条件，不断加剧东、西部发展的不平衡。1992年底中国建制市数量增加至517个。

这一时期，中国的城镇化进程是显著的，但是城镇化质量相对较低。改革开放初期，中央政府把经济建设的自主权下放于地方政府，且将官员晋升与地方经济发展、企业兴办数量等经济指标绑定，同时使用"一票否决"的权力对下级政府进行层层施压，致使在改革开放初期至中央制定减缓城镇化发展速率的有关政策之前，地方政府将经济发展、企业兴办置于地区发展的首要位置，忽视城镇化中公共服务能力的提升与基础设施的建设，导致城镇化发展低质量，影响城镇化对于农村居民幸福程度的提升。主要表现为：第一，乡镇企业的资源整合能力与资源使用率较低，且大多数乡镇企业是资源导向型企业。乡镇企业的快速发展带来自然环境的破坏，同时开采后的资源使用率并不高，难以产生足额的经济收益。第二，地方政府在发展乡镇工业的同时，只注重乡镇工业的数量而不注重工业企业的质量。而由乡镇工业发展产生的小城镇，存在着基础设施不完善、功能单一化以及公共服务配给不足等问题。第三，乡镇工业以劳动密集型工业为主体，虽然吸引了大量劳动力进入，但是微薄的工资待遇与恶劣的工作环境，既难以保障务工人员的身体安全，也使务工者以男性"只身进城"为主，妇女、老人留于农村进行耕作，形成了半耕半工的城镇化发展形态，产生了如夫妻长期分居与留守儿童、孤寡老人等社会问题，是一种不完全的城镇化形态。

（三）市场经济建设与财税体制改革推动阶段（1994年至2011年）

20世纪90年代，随着社会主义市场经济体制改革的不断深入，中国各地城市开始向民营资本与国外资本开放，沿海城市与内陆城市相继开始第二波工业化浪潮。乡镇企业由于产业技术落后、产业集聚效能较低、地理区位较偏等多项原因，在与城市工业企业的竞争中节节败退。同时，中国户籍制度的改革，将阻碍农村劳动力向城镇流动的制约条件逐步消解，大量农村劳动力开始跨越城市、省份向东南沿海地区的工业城镇流动，劳动力"离土不离乡"的乡镇工业繁荣，转变为劳动力"离土又离乡"的城市工业繁荣，进而造成了中国劳动力市场的重新配给。跨地农民工数量的迅增，体现着中国由市场经济建设带来的劳动力由农村迁移至城市的现状，部分劳动力落户至城市之中，带来中国城镇化率的提升。

从财政体制改革来检视中国城镇化的推进，可以认为中央与地方关系调整的实质是财权、事权的边界与划分，地方政府在治理的过程中所需的是财政预算的最大化，且尽可能拥有宽松的财政支配空间，进而有效地开展行政事务。在改革开放前，中国处于国家总体性支配阶段，"大跃进"时期中央政府在高度集权的局面下，在经济发展上向地方进行放权，鼓励地方政府展开经济指标上的竞赛，官员与民众被同时调动，出现了高指标、"放卫星"等违背经济发展规律与现实的情况，城镇化率因此出现了短暂的提升。改革开放后，中央政府为有效调动地方发展经济的积极性，在财税政策上实行财政包干制，地方政府在缴纳一定财政基数后，剩余的便可留作用于地方发展。财政包干制度促使地方政府大力发展乡镇企业、工业，积极推进城镇化进程以获得财税资金。1994年，中国分税制的实施为地方政府由"经营企业"向"经营土地"转型奠定了制度性与牟利性基础，形成了具有中国特色的地方政府联合市场资本"经营土地"的以地谋发展模式，为地方政府推进县乡城镇化发展提供了有利条件。土地出让金的地方留存使政府将土地出让与城市建设纳入经营与管理的核心领域，将土地开发与经营视为推进城镇化的主要手段。地方政府通过以农用耕地征用的方式代替对旧有城区的改造，并通过引入市场机制对土地进行开发，获取巨大的财政税收与经济利润。但是，随着城镇化改革的深入，地方政府在城镇化推进的过程中还需为城镇提供基础设施与其他公共服务，这又为地方政府带来了财政压力，迫使政府开展新一轮"圈地"行为。

同时，税制的改革与土地管理制度的不完善，催生地方政府建立起单向度的农村土地向城市土地转变的"行政垄断土地市场化"运作机制，进而为地方政府与城市地产企业带来了充足的经济利益。而农村居民在被征收土地后，无法获得足额的土地增值收益，也无法在城市中利用土地征收财富购买房产，出现了"失地农民"这一城镇化带来的群体，进一步加剧了社会阶层的分化。此外，2002年颁布的《农村土地承包法》进一步从制度层面将农村人口与土地进行了割裂，使80年代获得分地的农民享受"永佃权"，而新出生的农村人口却没有获得土地的再分配权，催生出大量的无地农业人口，倒逼农村新生人口进入城市务工，使其被动地卷入了城镇化的浪潮之中。总体来看，虽然在这一阶段的城镇化与城乡融合的过程中，中央政府利用财政制度改革与市场调节机制加速推进了城镇化，但是推进过程是建立在对农业人口的排斥与资源剥夺基础上的去地化过程，并未体现以人为核心的城镇化理念，城镇化发展是不充分且带有强制性的城市自我现代化过程。

分税制改革带来了地方政府"经营土地"的以地谋利的发展逻辑，虽然显著地提升了中国的城镇化率，并使得城镇数量大幅增加，但是也带来了众多发展问题。比如，在城镇化的过程中地方政府注重土地出让带来的经济效益，而忽视了城镇化发展的质量与效率，导致城镇的发展落后于工业化进程。对于新进入城市的农民来说，城市只是作为居住单元而存在，难以在城市中找寻到能够维持家庭生计的工作，导致农民需要远离住所外出务工，拉高了农民的生产与生活成本。另一方面城市的基础设施相对落后、公共服务不健全，导致居住其中的居民幸福感与获得感相对较低。由此，这一阶段财税制度的改革进一步加强了地方政府城镇化发展的动力，使得城镇建设取得了明显的发展，城市现代化水平显著提升，却也带来了诸多的发展困境，需要进一步重视。

（四）新型城镇化与城乡融合发展阶段（2012年至今）

20世纪末联合国通过《关于可持续发展的声明》，从全球共同体角度提出可持续发展规划与远景，中国作为联合国安理会常任理事国从20世纪末便开始对人居环境发展与可持续发展理念进行关注。从2004年开始，学界对建设中国新型城镇化的道路展开讨论。2011年"十二五"规划提出以大城市为依托，将中小城市建设作为工作重点，逐步形成辐射作用大的城市群。2012年，党的十八大提出新型城镇化战略方针。根据十八大精神，新型城镇化将成为未来中国建成全面小康的重要载体。2013年中共中央召开的经济工作会议指出，应出台实施新型城镇化规划，积极推进土地管理制度改革。2014年中共中央、国务院印发《国家新型城镇化规划（2014—2020年）》，提出需注重农业人口转移中人的市民化发展，不断优化城镇化布局，提升城镇可持续发展能力等宏观指导理念，为国家今后实施与建设新型城镇化提供整体性的纲要、规划与指南，标志着中国新型城镇化建设进入实践阶段。

新型城镇化是指中国需注重环境友好、可持续发展与人的发展的城镇化模式，是针对自改革开放以来国家对沿海城市发展与大城市建设"单线推进"而出现的城市挤压农村居民现象的政策改良，体现了中国城镇化建设中"以人为本"的原则。新型城镇化是以人的城镇化发展作为核心，推动城乡居民无差别的市民化，享受自由且全面的发展，从而消解中华人民共和国成立以来半个多世纪的城乡二元体制格局。同时，中国在新型城镇化与城乡融合的发展过程中，有效发挥城市的辐射与带动效应，特别是特大城市、大城市逐渐增强了其对于周边市、县、乡的带动作用，平衡城乡经济、文化、公共服务等差异，实现城乡间利益的均衡化分配。为推进新型城镇化的有效实施，2014年由发改委牵头举办了推进新型城镇化发展的联席工作会议，共计15个部委参加了会议。2014年末至2015年初，全国共评估、确定了137个新型城镇化试点地区。同时，各省、市（直辖市）陆续针对《国家新型城镇化规划（2014—2020年）》制定并出台了地方规划，为新型城镇化开展奠定了制度基础。自新型城镇化建设实施以来，中国城镇化步伐明显放缓，2019年中国城镇化率突破60%，城镇体系建设日趋完善，城市群不断成熟，城乡功能日趋明确，并且促使农村愈发成为"逆城市化"发展的地域、文化基础。此外，新型城镇化建设以来，进一步强调城市、郊区、农村的平等地位，将三者作为一体协同发展，逐步构建互动互促、互惠互利的城乡关系，进而不断推进中国城镇化的高质量发展。新阶段实行以中国政府为主导的对外开放战略，为城镇化发展带来了国外资金、知识、技术等现代因素，而以现代工业的发展与金融业、信息业、保险业为代表的服务产业则共同构成了现代城镇化的支柱性产业。这一时期城镇化的发展需要凝聚更多现代因素，中国政府由城镇化的引导者角色逐步转变为城镇化的保障者与服务者角色。

从目前的城镇化发展来看，中大型城市发展步入平稳阶段，新型城镇主要为县市的小型城镇。2022年中共中央办公厅、国务院办公厅印发了《关于推进以县城为重要载体的城镇化建设的意见》。推进县域城镇化是加快推动全国区域经济协调发展的需要。新阶段中国县域城镇化主要以吸纳原本居住在乡村两级的农民为主。农民的教育城镇化与婚姻城镇化成为新阶段县域城镇化的主要动力。

教育城镇化。从家庭视角来看，中国城镇教育资源优于农村是家庭选择将适龄学童送入城镇的主要原因。教育城镇化的家庭为方便照料适龄学童的生活，以在城镇租房或买房的形式，支持适龄学童通过教育改变自己与家庭的命运，实现阶层的跨越。从地方政府视角来看，为实现地区的城镇化而选择将教育资源在城镇进行集中化，顺应了学生家庭对于城镇优质教育资源的诉求，并加速了学生与其家庭向县城流动的速度。地方政府采取的策略主要是将全县的优质教育资源，包括教师、教舍、宿舍等资源集中于县域内的某几所初中与高中，强化县级教育优势，该做法一方面符合县级间的教育竞争，有利于县级教育在市级范围内脱颖而出，使县级教育官员获得政绩；另一方面，该种做法能够充分吸引农村学生进城读书，进而带动家庭的进城买房与消费，提高县域城镇化水平。此外，县级教育的扩张往往还伴随县城面积的扩张与房地产的开发，从而形成教育拉动地区经济、城镇化发展的现象。

婚姻城镇化。在新生代农民工群体中，特别是1980年代出生的农村青年，受到学校教育、现代传媒、经济收入、个人与家庭特征、城市生活制度的拉力以及"城市信仰"等因素的共同影响，对城市生活持有坚定的追求与美好的向往。但是，由于经济收入与家庭积累能力的限制，仅凭借个人与其家庭的努力无法实现城镇化。因此，利用婚姻与彩礼便成为实现城镇化的重要途径。同时，在中国传统文化中，婚姻不仅是个人生命历程中的重要环节，而且是个人背后整个家庭的共同责任。在中国"打工潮"下，农村中普遍出现"男难娶、女易嫁"的现象，农村青年女性在婚姻中往往要求青年男性家庭在县城购买房产，以实现婚后的保障。青年男性在婚姻的刚性需求下，以家庭为单位整合经济资源，帮助其在县城中购买房产，保障完成婚姻任务。

三、中国城镇化与城乡融合的创新机制

（一）半工半耕家庭生计模式与中国渐进城镇化道路

渐进城镇化模式既是具有中国特色的城镇化模式，也是符合中国国情的城镇化模式，更是始于中国的创新城镇化模式。中国渐进城镇化模式是指农民的城镇化行为不是一蹴而就、单向度的"进城"行为，而是兼具自由进城与自由返乡的双向度"进城"行为，进而实现中国农业人口渐进转移，适应工业逐步发展的现状。

中国渐进城镇化的形成基础是中国城乡二元结构。处于城乡二元结构之中的中国农民，拥有强烈的经济理性与自主行动能力，在市场经济建设与户籍制度松懈的背景下，农民家庭为了获得更高的家庭收入，通过家庭内部的分工，由改革开放前的农耕为主的家庭生计模式，转变为半工半耕为主的农民家庭生计模式，即农民家庭中的青壮年劳动力前往城镇之中进行务工获取较高的务工经济收入，而家庭中的老年成员则在农村从事农业劳动获得务农性收入，进而实现家庭最优分工，获得较强的经济积累能力。

在农民城镇化的过程中，半工半耕的家庭生计模式为农民城镇化提供了强有力的支持。其一，家庭的务工收入能够满足家庭大宗消费。由于农村之中保留着传统的伦理，父代对于子代具有较深的代际责任，子代婚姻是父代的人生任务之一。随着婚姻市场对于男性的挤压，形成了围绕婚姻的城镇化模式，父代为了满足子代的成婚需求，而具有较强的内生动力前往城镇进行务工。其二，村庄务农经济具有避险的功能。虽然，家庭中的部分劳动力前往了城镇地

区进行务工，但是在城乡二元体制之下，农民的耕地、宅基地都受到法律的保护。在进城务工受阻之后或城镇化失败后，农民可以返回乡村继续生活。此外，自给自足的农业经济一方面能够降低家庭的生活开支，为在村农民提供隐性福利，另一方面家庭中的老年群体在因年龄难以进入正规务工市场时，也能够通过农村中的土地实现自我供养，降低了子代的养老花销，以此种方式支持子代的城镇化发展。其三，半工半耕城镇化使农民产生动态的代际流动性。半工半耕的家庭生计模式是农民动态的循环流动与迁移模式。循环流动与迁移模式是指，农村人口以家庭为单位整合家庭内部资源用以支持青年男性进行城镇化，因家庭整体经济情况不好而难以城镇化后，青年男性则将自己的城镇化目标转移至子代，并前往城镇获取务工收入，提前积累经济资源，以支持子代顺利实现城镇化目标。如此，家庭成员循环往复，直至某一代成员成功实现城镇化目标为止。

可见，中国渐进城镇化保留着乡村社会的自主性发展能力，为乡村城镇化发展提供动力，同时以半工半耕为主的农民家庭代际生计模式，则有力地保障着农民家庭的"接力"城镇化，推进着农民有效地融入城市生活，保证着农村社会的有序与稳定，为农民群体因国家、市场经济波动或个人、家庭遇到灾难而产生的城镇化失败留有退路，进而避免了由城镇化所带来的农民失业、贫困及农村、城郊贫民窟化等城镇化发展困境。

（二）城乡融合与以人为本的中国新型城镇化道路

中国的新型城镇化是以城乡融合、产业互动、生态宜居、和谐发展为基本特征的发展模式，将"以人为本"核心理念贯穿于城镇化发展的全过程、全阶段。新型城镇化发展理念要求政府承担更多的基础设施建设、公共服务与社会保障等社会治理任务。地方政府仅依靠财税难以保障由新型城镇化发展新增的治理任务的有效完成。十八届三中全会通过了《中共中央关于全面深化改革若干重大问题的决定》，在推进城市建设管理方面提出了"两个允许、一个建立"的指导原则。"允许"是指，允许地方政府通过发债等多种方式拓宽融资渠道；允许社会资本参与城市建设与运营。"建立"是指，建立城市建设融资创新机制。根据《决定》，地方政府将以改革、创新融资机制作为推进城市公共设施建设的经济基础与保障。同时，创新融资机制也是地方政府破解新型城镇化发展中土地财政困境的主要方式之一。在新型城镇化的背景之下，地方政府首先从创新融资机制入手，通过建立规范、透明的地方融资创新机制，满足新型城镇化过程中所需资金类型与总量的增长，进而保障新型城镇化的可持续发展。

中国新型城镇化需要依托产业发展的带动效应，保障城镇居民的充分就业与物质生活。传统的分散型产业或农村小工业体系难以形成集聚效应，具有低端化、高污染、资源利用率低等特征。这种产业发展模式既无法满足城镇居民对美好生活的向往，也无法体现新型城镇化"以人为本"的发展内核。因此，中国沿海发达省份在以产业带动新型城镇化的实践过程中，逐步形成了地区特色产业与新型城镇化发展模式相耦合的创新发展模式。该模式基于中央有关新型城镇化发展战略，通过生产—生活—生态空间、人口—产业—空间布局等耦合创新机制，利用小城镇产业培育试点的方式，将产业发展、空间利用与"以人为本"思想进一步结合，促进中心镇向现代新型城镇过渡发展，由此完善空间布局、提升空间与土地利用率、提升特色产业集聚带动效应。

乡村地区生态旅游产业的发展与创新有效契合于新型城镇化的发展。随着中国推进生态文明建设的步伐不断迈进，城市居民对于低碳、绿色、环保旅游的消费热情不断增加，乡村旅游受到了城市居民的青睐。中国城市居民较高的消费能力与前往乡村旅游的消费愿景，共同为乡村旅游产业的发展提供了经济保障与动力支撑。乡村地区通过掌握自身所具有的文化、历史、自然等旅游资源，通过旅游业发展的机制创新与道路创新，将旅游产业的发展作为推动新型城镇化建设的重要创新力量。乡村发展旅游产业既可以新增大量的农村就业机会，将从事第一产业的农事人员转变为从事第三产业的服务人员，又可以依托旅游产业发展所具有的聚集效应，带动乡村地区餐饮、住宿、文化等产业的发展与交通、环境、路灯照明等基础设施的建设，从而实现乡村地区依托旅游产业实现就地新型城镇化建设。

（三）兼具乡村振兴的城乡一体化发展策略

十九大报告提出"建立健全城乡融合发展体制机制和政策体系"，体现了中国经济社会发展的进一步迈进与深化。在城乡融合发展的过程中，中国通过探索土地流转、教育、就业、投资等方面的创新机制，进而消解长期的城乡二元结构给城乡发展所带来的消极影响，推进城乡融合发展。

首先，十九大报告提出的乡村振兴战略，从战略创新的角度为城乡融合机制的创新找寻到了新的发力点。乡村振兴战略不仅是针对农村、农业问题，而且是立足于建立城乡融合发展，依托城市建设、产业布局、居民消费带动乡村发展，实现乡村发展的美好蓝图。乡村振兴战略是实现城乡均衡化发展的重要战略举措，因此，在乡村振兴背景之下，国家将新时期的城乡融合发展作为重要战略布局，审议并通过《乡村振兴战略规划（2018—2022年）》，要求地方政府以农业农村的现代化发展与城乡融合作为新时期的发展目标，根据地方实际制定乡村中长期发展规划。在乡村振兴战略背景下，城乡融合发展需从城乡融合规划、城乡要素流动、生态保护治理、乡村治理机制、乡村文化重建、人才体系建设与人才培育等角度进一步进行制度与机制的创新与发展，以保障乡村发展具有核心竞争力，逐步消减城乡发展差异性。

其次，在土地流转领域中，受到城乡二元体制的约束，中国土地市场发展落后且不健全，在土地监管、规划、征收、使用等领域中存在诸多问题，极大地影响着土地资源利用效率。因此，中国从土地制度改革的实践出发，通过顶层设计与系统规划，将创新农村土地制度改革机制立足于土地产权制度、土地规划制度、土地征收制度与土地流转制度，通过不断明晰农村土地产权，保证土地征收的公平性与公正性。土地监管部门与征收部门通过转变管理理念，立足于各地农村实际情况，建立具有科学性、规范性的土地规划方案，寻求农业特色产业与地方文化特色的充分展现。

再次，中国各地区在城镇化与城乡融合的实践中，产生出许多极具创新意义的发展模式。肇始于2014年前的浙江"特色小镇"发展模式，以区域性空间再造与资源、资本整合的形式，将生产、生活、生态等多种功能融为一体，使"特色小镇"在关注产业聚集发展的同时，还具备城市的部分功能，更将地区文化、历史、环境、自然特色与之相匹配，兼具促进地区产业转型、升级的能力，也是地区创新与创业的重要平台与载体之一。"特色小镇"创新城乡融合模式一经实践便在全国各个地区得到了有效的推广，帮助各个地区突破传统"产业园"发展模式功能单一化的弊端，破解了传统城镇化模式中供给不足、产业转型缓慢与产业升级滞后的困境，是一种多元主体共同参与、组织边界对外开放、包容共生的创新发展模式，为中国城乡融合实践中的空间布局提供了重要的机制与模式创新。"特色小镇"模式不仅可布局于城郊接合地区，还可以布局于乡村地区，推进乡村的就地城镇化发展，进而发挥乡村城镇化的带动作用，使其成为乡村振兴与新型城镇化发展的重要支撑点，也是城乡融合的重要载体与工具。

最后，中国在行政改革创新中探索出以"强县扩权""强镇扩权"为代表的新机制。省、市级政府通过改革县、乡政府行政管理体制的方式，逐步增加县、乡政府更为宽泛的经济与社会管理的自主权限，使地方政府具备吸纳各类生产要素与人才要素的能力，实现对生产与服务要素的整合与集聚，推进地区产业的转型与升级，从而扩充县、乡地区的经济腹地。县、乡政府在推进地区产业转型与升级过程中，能够提供更多的就业岗位，进而不断吸纳农村剩余劳动力。此外，县、乡政府在增权赋能的基础之上，能够立足于地区发展的实际情况，调配与整合优势资源，发挥县、乡政府在推进城乡融合进程中的积极性、创造性与主动性，消解城乡融合发展过程中的差异性，使城乡统筹规划更加协调、空间布局规划更加合理。

（四）城镇化过程中的农业人口市民化道路

农业人口市民化发展是以户籍制度改革为依托进行的，而户籍制度的改革与创新是中国推进城镇化与实现人口城镇化发展的必然要求。农村人口在市民化的过程中会遇见多维度的困境，例如市民依然戴着"有色眼镜"看待农业转移人口的进城与务工行为，特别是当农业转移人口分摊与享有市民已有所享受的城市福利之时，部分市民便会以消极的态度对待农业转移人口。同时，进城务工的农业转移人口在市民化的过程中，也存在对于其原先所处农村中所拥有的宅基地、承包地、集体收益分配权等既得权益会随市民化而丧失，却无法及时获得与其他城市居民等同的城市福利待遇保障的担忧。因此，城乡福利转换的时间、价值鸿沟是阻碍农业转移人口进行有效市民化的重要因素。此外，农业转移人口的经济获取能力、文化素质与市民化的机会、经济、时间成本等因素也是阻碍其进行市民化的困境所在。因此，城乡居民身份权利的均等化需要制度与机制上的创新。

首先，户籍制度的改革与创新是破解农业人口市民化过程中障碍的关键所在。2013年《中共中央关于全面深化改革若干重大问题的决定》的出台，是贯彻全面深化改革的战略部署，针对城市落户与农业人口市民化问题，提出推进农业转移人口的市民化，将符合条件的农业剩余人口转变为城镇人口，加快户籍制度改革，进一步创新城乡人口管理模式。2014年，国务院《关于进一步推进户籍制度改革的意见》印发，指出全面放开建制镇和小城市落户限制，有序放开中等城市落户限制等户口迁移政策，并提出建立城乡统一的户口登记制度、建立居住证制度等创新人口管理方式。在保障农业转移人口权益上，《意见》指出需进一步完善农村产权制度，各市县不得将农民"三权"的退出作为其进城落户的条件，同时还提出城市应继续扩大基本公共服务的覆盖面，以切实保障农业转移人口的合法权益。

其次，财政支持制度的创新是保障人口流动过程中财政平衡的核心所在。当前，从中央政府直至地方各级政府都是以转移支付方式作为主要抓手，继续加大基础设施建设与公共服务保障的财政投入，适应农业转移人口市民化为城镇带来的基础设施建设与公共服务保障扩展过程中的财政压力。此外，中国地方政府还根据本地区的实际情况，出台利于农业转移人口城镇化的相应财政政策，比如由政府根据实际情况给予农业转移人口符合市场价格或高于市场价格的一次性赔偿，用于回收其自愿退出的承包地与宅基地。再如，地方政府规划与组织建设贴合农业转移人口购买力的公寓或出租房，并制定优惠政策出租或出售于农业转移人口。政府通过财政支持制度的创新，助推农业转移人口的市民化，并保障其在城市内享受基础性的生活条件与公共服务。

最后，提升农业转移人口的素质与技能是保障其能够立足于城市生活的必然要求。各地政府根据地区情况与产业发展类型，不断创新、健全劳动力教育培训制度。政府通过发展职业技术教育，构筑多层次、多类型、全方位的教育培训体系，从而加强对农村新增劳动力的技能、知识培训，使农业转移人口通过系统性的知识、技能学习，提升职业技能与综合素质，进而获得在城镇务工与赚取基本生活开支的能力，实现人的真正城镇化发展，消解城乡居民在技能、素质方面的差异。

四、创新探索：城市乡村化与乡村城镇化

（一）城市乡村化与乡村城镇化的理论脉络

随着城镇化进程的深入，城镇化率的提升为城市带来了环境污染、交通拥堵、收入不均衡、犯罪率持续增长等"城市病"，居民生活于城市之中虽然享受到了充裕的物质生活，但是生活压力与工作压力较大，且精神与文化享受得不到满足，对于乡村自然风光保留着向往。因此，在20世纪70年代，以美国为主的发达国家第一次出现了非大都市人口增长超过大都市的现象，英国也出现独立的乡村地区与独立的乡镇地区人口增长数目超过大都市地区的现象。学界将上述现象称之为"逆城市化"现象，并被大众所认同。但是对于"逆城市化"现象产生原因的讨论却持续至今，有些学者将"逆城市化"简单归为"大都市区"的外溢现象，既模糊了不同地区所展现功能的差异性，以及功能差异对于不同群体个人的吸引程度，也模糊了大都市内生活的个人对于乡村地区生活的向往。还有学者将"逆城市化"认定为"远郊化"。其产生的原因在于，大都市的扩展改变了城郊地区土地的性质，进而改变了郊区产业的发展类型，使其逐渐由第一产业发展为第三产业，服务业的普及与城市交通建设的向外扩张，使郊区发展为具备城市生活各项功能的"郊区城市"，而城市内的中产阶级与富裕人口开始向郊区迁移，享受较为良好的自然环境。

随着"逆城市化"现象在世界其他国家的出现，学界开始挖掘促使其产生的更为深刻的理论脉络。于是，著名社会学家、城市学家与风景规划设计师埃比尼泽·霍华德于1898年所提出的田园城市理论受到了重新检视。在这一理论中，霍华德强调在城市化与工业化的背景之下，城市的不断扩张将乡村土地进行无限制的吞并，使乡村不复存在，导致城市生活与自然出现隔离与矛盾，这也是"城市病"出现的根本原因之一。就如何改变这种城市化的现状，霍华德认为应该将城市进行乡村化的发展，即城市周边环绕建设农田与园地等乡村景观，通过乡村景观限制城市的无序扩张，并且该种方式能够使城市保留乡村的特色，进而将城市、乡村进行有效结合。

乡村城镇化是基于乡村独特的社会结构，通过不断聚集人口、建设城镇化景观、完善公共基础设施等方式，使乡村居民的生活与生产及所享受的公共服务趋近于城镇居民的过程。相较于传统的城镇化模式，乡村城镇化注重于有效利用乡村既有自然、历史、文化资源，实施就地城镇化，降低由易地搬迁、农民"上楼"等传统城镇化模式带来的农民难以适应城镇生活等城镇化困境。乡村城镇化需要处理以下几个问题。首先，限制中心城市的发展，同时加速发展中心城市周边的小城镇，再通过建设便捷的交通网络将中心城市与小城镇进行连接，逐步构建以中心城市为主体的城市组合。其次，需要正确处理好城市规划中的问题，应该将山、水、田、林等农业与自然景观融入城市发展之中，进而实现城乡的实质融合，使城市保留乡村的人与自然和谐共生的特点，改善城市的生态与环境，使城市以优越的人居环境与自然风光吸引外来人口，并提升城市的综合竞争力。

乡村城镇化的理论脉络源于党中央在破除中国城乡二元结构过程中的实践与总结。2002年，十六大针对中国城乡二元结构，提出了统筹城乡发展的指导方针，开启国家破除城乡二元结构的历程；2003年中共中央颁布的《关于完善社会主义市场经济体制若干问题的决定》指出，需要在改革开放的过程中进一步"统筹城乡关系"；2012年，十八大提出"新型城镇化"与"推动城乡发展一体化"发展战略。在中国乡村城镇化的实践过程中，乡村城镇化的理论围绕城镇化中出现的问题展开，城镇化的问题主要有城镇规划的无序化与短期化、城镇化中的产业空心化与半城市化、城镇功能发育得不完全等。因此，中国乡村城镇化理论围绕创造"合规风险管理"的城镇化模式、建立多级地域空间一体化的城镇网络结构、创造具有特色性与福祉性的城镇就业体系等展开。

（二）城市乡村化与乡村城镇化在中国发展何以可能

城市乡村化理念应用于中国城镇化发展的现实具有以下几点可行性。首先，城市乡村化理念中所包含的城乡一体、和谐社会、生态宜居等发展理念符合中国新型城镇化建设的需要。同时，中国乡村所具有的文化性、历史性因素能够为城市乡村化提供教育、旅游、娱乐资源。中国城市与乡村的有效结合，能够使城市将乡村所特有的文化性与历史性吸收，进而促进城市和谐发展。其次，中国自古以来便是以农业立国的国家，农业文明源远流长，在中国农村社会中形成了具有中国特色的基于地缘、血缘与亲缘关系的熟人社会网络。城市居民及其亲属或多或少生活于农村或曾经生活于农村，因而保留有对于乡村社会的向往与归属感。因此，城市的乡村化符合城市居民对于乡村社会的向往。再次，随着近年来国家对乡村自然、文化、历史景观的宣传与塑造，城市居民对现代都市景观的向往逐渐被对乡村自然风貌景观的向往所替代，农业景观能够使观赏者不仅体验到视觉之美，更能通过对农业生产的观察与参与，体验到丰收之乐。最后，随着国家科技、管理技术的进步与革新，中国有能力保障乡村自然景观与农业产业健康、有序、有效地融入城市建设之中。

乡村城镇化既是中国农村发展的新阶段与新契机，也是城乡一体化的重要形式。当前，以现代农业、农村产业园区、新农村建设与新型城镇化建设等为核心内容的城镇化新模式通过整合资源、立足产业发展、推动民生建设等方式推动着乡村地区的城镇化发展，代表着乡村城镇化发展在当前中国已经展开。同时，从国家战略规划角度来看，《中共中央关于制定国民经济和社会发展第十四个五年规划和二〇三五年远景目标的建议》指出，应实施乡村建设行动并推进以人为核心的新型城镇化，促进大中小城市与小城镇协调发展。因此，乡村城镇化契合中国城镇化的实践也契合中国对于乡村建设与城镇化发展的目标。此外，乡村地区依托旅游业发展带动就地城镇化，该种方式也是中国乡村城镇化的一种主要类型。中国乡村城镇化与乡村旅游业的发展具有较高契合度，在新型城镇化发展的过程中和城镇居民对于乡村旅游的需求日益增长的背景下，中国依靠乡村旅游业实现乡村城镇化具有社会、文化与经济上的基础，该种模式也是有效解决"三农"问题、破解城乡二元结构的重要方式。

（三）乡村振兴战略中城市乡村化与乡村城镇化的新愿景

党的十九大报告首次提出乡村振兴战略，指出农业、农村与农民问题是关乎国计民生的根本性问题，体现了国家治理、城镇化与城乡融合思路的转变。乡村振兴战略的提出，标志着中国城乡关系转型与乡村发展进入关键时期。2021年中央一号文件《关于全面推进乡村振兴加快农业农村现代化的意见》指出"解决好发展不平衡不充分问题，重点难点在'三农'，迫切需要补齐农业农村短板弱项，推动城乡协调发展"，而在城镇化与城乡融合方面，文件进一步指出，"加快县域内城乡融合发展。推进以人为核心的新型城镇化，促进大中小城市和小城镇协调发展。……加快小城镇发展，完善基础设施和公共服务，发挥小城镇连接城市、服务乡村作用"。新时期，乡村振兴战略的推进势必需在原有城镇化模式的基础上，积极处理好人与自然、农业与工业、自然与生态等关系，将城镇化发展落实于以人为核心的发展理念之上，使城镇化发展真正提升农村、城市居民的幸福感与获得感。

因此，从乡村振兴背景出发，城市乡村化首先需要充分发挥城市在现代化进程中的辐射、带动与扩散作用，将城市产业发展中的信息化、技术化与市场化机制引入乡村产业发展中，进而带动乡村地区产业的发展、转型。其次，乡村产业在发展与转型中应当注重贴合城乡居民生活需求，提升农贸产品附加值，促进乡村依托产业发展实现就地城镇化。再次，城市乡村化的构想是基于缓解当前中国城乡二元发展之间的不协调与内生性矛盾而提出的，因此从城市与乡村结合的角度来看，应当将城乡土地、资源、资金、人口等方面进行统一管理与统筹，进而实现城乡发展的统一、协调与优劣势互补。最后，城市乡村化，需要将乡村田园风光、自然景观、农业产业逐步搬迁至城市之中。在这一过程中，可能出现城市居民的不适应，需要政府、媒体、企业通过宣传的方式，逐步引导城市居民适应现代化与农业化景观，进而使农业景观与现代景观有效结合，逐步形成现代城市与现代农业的协调发展，促进人与自然的和谐共生。此外，在乡村振兴背景下，城市的乡村化既改变了原有乡村—城市的单向度发展模式，变为城市与乡村的多向度关系，使城市的生活内容更加丰富，也带动了农业产业的现代化试验与现代化发展，使乡村现代农业产业既可以服务于饮食需要，又可服务于景观需要。

乡村的城镇化本质在于推进城乡关系的重塑。在乡村振兴战略背景下，乡村需要紧紧围绕战略所提出的"产业兴旺、生态宜居、生活富裕、治理有效、乡风文明"等五个目标与内容进行城镇化推进与规划。首先，从产业兴旺的角度来看，乡村城镇化需要将乡村地域结构优化与实现乡村内部功能系统协调作为乡村城镇化的首要目标，以促进乡村内部经济、文化、社会、自然各个系统之间的有效互动，进而推进乡村内部资源整合，利用乡村优势资源，推进产业转型与发展，实现产业兴旺的目标。其次，乡村居民生活富裕与产业兴旺紧密相关，随着乡村产业的发展与就地城镇化而带来的服务业兴起，通过农业、工业、服务业相融合的方式，使农业产业链条不断延长，乡村地区就业岗位逐渐增多，就业薪资也会随着乡村产业转型与经济发展而增长。同时，随着乡村城镇化的推进，传统城乡二元结构被破除，原有城乡产业对立、乡村产业孤立发展的格局得到转变，城乡产业统筹下的城乡就业薪酬也逐步趋同。再次，生态宜居与乡风文明的发展要求乡村地区逐步完善基础设施建设，并对人居环境进行整治，逐步趋近于城镇居民生活水平。需要指出的是，2021年中央一号文件已经指出，需推进农业绿色发展，对乡村生态环境进行重点治理，实施人居环境整治提升五年行动。最后，乡村城镇化发展还离不开基层政府治理能力与水平的提升。治理有效在乡村城镇化中主要体现：其一是乡村居民对政府提供公共服务能力的需求日益增长；其二是乡村居民对农村制度改革的期望，希望更多的惠农政策能够得到有效落实，希望个人的合法权益能够得到保障。

乡村城镇化与城市乡村化是相互关联、相互协调、紧密互动的，二者同时围绕中国城镇化、农业现代化等目标。总体来看，乡村振兴战略为乡村城镇化与城市乡村化提供了战略规划与推进目标，二者的实现需要与乡村振兴战略紧密结合，逐步实现城乡一体化与城乡融合的美好愿景。

第三章

城乡基本公共服务均等化与差别化：
城乡融合发展的重点领域

伴随着经济快速增长和社会急剧转型，中国的内生发展需求产生了深刻变化。一方面，生态环境恶化和能源资源短缺要求必须转变经济发展方式；另一方面，日益扩大的地区差距和城乡差距要求必须加快建设覆盖全体社会成员的基本公共服务体系，逐步实现基本公共服务均等化。2013年11月，党的十八届三中全会通过的《中共中央关于全面深化改革若干重大问题的决定》指出："紧紧围绕更好保障和改善民生，促进社会公平正义深化社会体制改革，改革收入分配制度，促进共同富裕，推进社会领域制度创新，推进基本公共服务均等化。"党的十九大报告中，"基本公共服务均等化基本实现"，成为从2020年到本世纪中叶第一阶段的发展目标和基本任务。国务院于2017年3月1日印发了《"十三五"推进基本公共服务均等化规划》，《规划》中提到，到2020年，基本公共服务体系更加完善，体制机制更加健全，在学有所教、劳有所得、病有所医、老有所养、住有所居等方面持续取得新进展，基本公共服务均等化总体实现。2021年3月，十三届全国人大四次会议表决通过了《关于国民经济和社会发展第十四个五年规划和2035年远景目标纲要的决议》，"十四五"规划强调"加快补齐基本公共服务短板，着力增强非基本公共服务弱项，努力提升公共服务质量和水平"。

从总体来看，基本公共服务均等化是人们生存和发展最基本的均等。具体来讲，政府要在一定的经济社会发展水平基础上为社会成员提供与之相适应的、基本的、能够体现公平正义原则的、大致均等的公共产品和服务。经过党和全国各族人民的共同努力，我国基本公共服务状况在"十三五"期间取得了长足进步，在教育、医疗、就业、养老等重点民生领域获得的成就尤为突出，更快速、切实地解决了老百姓最为关注的问题，社会主义的制度优势得到进一步体现。尤其是随着精准扶贫战略在全国范围内的快速推进，农村地区的水电、道路、网络、教育、医疗、养老等方面都得到了明显改善，"两不愁三保障"的政策要求，更是让农村贫困家庭得到了真正的实惠和体面，在一定程度上缩小了城乡发展差距。但从整体来看，城乡间的公共服务供给依然存在差距，尤其是在中西部地区，基本公共服务体系不健全、供给方式错位等问题依然在某种程度上制约着乡村发展。本章将重点关注基本公共服务城乡差别化的表现及其成因，并力图探究优化机制。

一、城乡基本公共服务供给的变迁及历史趋势

（一）集体化时期（1949年至1978年）：城乡二元供给制度的形成及确立

在传统社会，国家对公共品的供给主要体现在大江大河的治理和灾民救济。郑国渠、都江堰、京杭大运河等大型水利工程的修建泽被后世，体现出数千年以来中国人对国富民强的渴望。但受制于当时的生产力水平和人口状况，国家对农村公共品的供给少之又少，这也使得传统社会的农业生产水平始终停滞不前，小农家庭始终在自给自足的基础上维持着脆弱平衡。中华人民共和国成立以后，国家通过建立人民公社制度确定了农村公共品自我供给的基本形式：首先，公共品供给的责任主体是公社管理委员会和生产大队。《农村人民公社工作条例》规定，水利建设、植树造林、水土保持、土壤改良等基本建设由公社、生产大队和生产队讨论决定，并负责组织劳动力和做好群众工作。同时，发展副业、救济困难群体和发展科教文卫事业也都由公社和生产大队全权

负责。其次，公共品供给所需的资金、劳动力和组织成本由公社管理委员会、生产大队和生产队共同承担。《条例》规定，进行基本建设时，公社必须订立合同，规定各单位的权利和义务，并且按照各单位受益的多少，分摊劳动力和资金。最后，对于困难群体的救济，则完全依靠生产大队的公共收入。

与农村公共品自我供给形式不同的是，这一时期城市地区的公共服务则由国家承担，而农业领域的收入是国家为城市提供公共品的重要来源。这种供给制度的建立和国际社会的大环境以及新中国的生存发展需要息息相关。中华人民共和国成立以后，国家通过对农业、手工业和资本主义工商业的社会主义改造和第一个五年计划的顺利实施，实现了生产资料社会主义公有制，同时在部分城市和地区开展工业建设，保障了社会主义工业化的初步基础。当时，国际社会中资本主义和社会主义两大阵营的对立使得中国难以获得除苏联以外的外部支持发展本国工业，需要通过国家统购农产品从而集中力量发展重工业，以增强国力。这种"工占农利"的发展方式让城市和工业得到快速发展，国家财富得以累积，但是也拉开了城乡发展"剪刀差"的序幕。

国家统购统销农产品的方式发挥了社会主义集中力量办大事的优势，但是这种分配方式却造成了城乡发展的失衡，尤其造成了对农业、农村、农民的不公。虽然农业集体化改造为工业建设做出了巨大贡献，但是相较于城市居民，农民享受到的发展红利是严重不足的，农村的基础设施建设由农民自我供给，而城市的公共服务则是由国家供给，严格的户籍制度将农民束缚在土地上。从实际效果来看，城市和市民的就业、福利得到政府"统包"兜底，农村和农民的生存发展则被国家"统治"，这种相对不公平的支持模式天然地造成了农村发展机会的匮乏。与此同时，工业的发展并没有从实质上带动农业生产力的提高，农业增长呈现"过密化"特征，也有学者称之为"没有发展的增长"，即总收入的增长被人口增长和劳动力投入抵消，农民的生活水平变化不大，直至20世纪80年代初期，广大农村人口依然只能"糊口"。可以说，人民公社制度为城乡基本公共服务差别化奠定了基础，并且这种不平等的供给制度成为城乡

"二元社会"产生的基础并在很长一段时间内直接制约了农村发展。

（二）税费时期（1979年至2000年）：城乡二元供给制度的巩固和强化

伴随着家庭联产承包责任制的确立，农民获得了小规模土地的生产和收益自主权，温饱问题逐步得到解决，但是基本公共服务的城乡差别并没有发生改变，城乡差距在这一时期进一步扩大。改革开放以后，国家快速确立了城市建设的目标和方式，中国的城市发展迎来了一个又一个春天。一方面，城市维护和建设投入费用不断提高，这使得城市的道路交通、能源水利等基础设施快速提升；另一方面，先后超过2000万知识青年返回城市工作助推科教文卫事业在城市迅速发展，据统计，党的十一届三中全会后至2000年，中国的城市化率由17.9%提升到36.2%。而城市和农村的发展差距则经历了一个波折过程：改革开放初期（1978年至1985年），随着家庭联产承包责任制的确立和对农产品统购统销制度的破除，农民的生产积极性得到提高，农民收入逐渐增加，而城市居民的收入增长相对缓慢，这一时期的城乡发展差距缩小。1984年底，十二届三中全会提出以城市为中心加快经济体制改革，于是改革的目标从农村重新转移到了城市。1985年至1994年，城乡差距进一步扩大。在这一时期，我国确立并实行了从计划经济体制向市场经济体制的改革，1992年邓小平南方谈话提出城市是经济发展的重心，在这一阶段城市经济快速发展，城市居民生活水平得到了明显提升。1993年至1998年，国家确定了以小城镇建设为重点的村镇建设工作方针，城乡收入差距得以短暂缩小。但随后而至的金融危机让不少乡镇企业丧失了发展的红利，国家再次开启了重工业的发展，城乡差距进一步扩大，直至2010年，这种不断扩大的收入差距才开始回落。

与收入差距相比，城乡居民的财产差距扩大速度更快、程度更深。受惠于快速的工业化和城市化发展，城市居民财富在增速最快时期达到年均25%的增长率，人均财富的年均增长率达到每年22%，而此时农村家庭的财富年增长率仅为11%。导致城乡差距不断扩大的原因既在于国家的发展战略和产业布局，也在于这一时期基本公共服务城乡差别更加明显和牢固，这种不合理的公共服务供给制度一方面限制了农村发展所需的基本资源，另一方面也压缩了农村的发展空间，从而最终导致日益严重的"三农"问题。

这一时期的农村基本公共服务依然由农民自己负担，主要表现为基本公共服务的资金和劳动力依然来自农村内部。按照当时的政策规定，农业税费主要由以下部分组成：第一，国家税金。主要包括农业税、农林特产税、耕地占用税、契税。第二，村组公益金、公积金、管理费三项村提留和教育费附加、民兵训练、优抚、计划生育、民办公路建设等五项，即所谓"三提五统"。第三，农村义务工和劳动积累工。义务工与积累工的摊派成为一种新的收费项目。从现实情况来看，国家征收的四项税金所占份额并不高，真正构成农民负担的是"三提五统"。根据1991年国务院颁布的《农民承担费用和劳务管理条例》，乡统筹费由乡人民政府和乡集体经济组织统筹协商，每年做出当年决算方案并做出下一年预算方案，经乡人民代表大会审议通过后，报县人民政府农民负担监督部门备案。同样，根据《条例》，村提留的公积金用于农田水利、基本建设、植树造林、购置生产性固定资产和兴办集体经济企业；公益金用于五保户供养、特别困难户补助、合作医疗保健以及其他集体福利事业；管理费则用于村干部的报酬和管理开支。同时还有用于乡村两级办学的农村教育事业费附加、计划生育、优抚、民兵训练、修建乡村道路等民办公助事业的款项。

在农业收入较低的情况下，农业税费显然给农民带来不小的负担。从制度设计本身来看，农民承担了基本公共服务的经济成本和劳动力成本，而乡村两级则应承担组织成本。但现实情况是，广大中西部农村集体经济发展状况并不乐观，乡村两级行政能力受限，很难向村民提供真正有效的公共服务。直至2002年，全国农村还有184个乡镇、5万多个行政村和大量的自然村不通公路，自来水通村率也不到50%。同时，这一时期乡镇的财政自主权相对较大，一些乡镇政府为了扩大自身财政收入以各种名义向农民摊派费用，并一度导致干群关系十分紧张,这种基层谋利行为侵害了国家的执政基础。与此同时,城市的基础设施建设、教育、医疗、文化和社会保障等各项事业实现了快速发展,城乡差别在这一时期进一步扩大。

(三)后税费时期(2001年至今):基本公共服务走向城乡均等化

从2001年开始,国家逐步在各个省市进行农业税费制度改革,直至2006年全面取消农业税,标志着工业反哺农业、城市支援乡村的时代正式来临。由于长期以来在农村建设方面的欠缺造成农业农村和农民弱势,国家开始全面扶持乡村地区公共服务:一方面强化了政府在农村公共服务供给方面的主体责任,乡镇被国家公共财政体系覆盖,由此加大农村公共投入;另一方面,将村级公共服务的决策权下放,推动村级公共服务供给的决策方式由自上而下的体制内集中向自下而上的自主协商讨论转变。具体来讲,村以外,乡以内的公共服务主要由国家公共财政负担,而农民家庭以外,村以内的公共服务则由农民自主筹资、自主决策。

2004年至2021年,我国连续十八年发布以"三农"问题为主题的中央一号文件,强调了"三农"问题在中国社会主义现代化时期"重中之重"的地位。在这一背景之下,国家不断加大财政支持力度保障农业基础设施建设,不断用现代科技武装农业,不断建立和完善农村医疗和社会保障制度、扶持农村义务教育发展来让农民享受到真正的实惠,同时还采取种粮直补、资助农民参合参保等方式向农村转移越来越多的资源。2003年至2020年,中国粮食产量实现"十七连丰",不仅保证了国家粮食安全,更反映出农业生产力水平的不断提高。伴随国家的资源投入和政策倾斜,农民的收入不断提高,城乡差距逐步缩小。但不能否认的是,当前农村在基本公共服务方面依然存在以下问题:

农村基本公共服务投入相对城市地区依然不足。虽然国家每年向农业农村投入资金的数量较为可观,但仍然不能满足农村地区的发展需求。除了资金体量的不足，公共服务供给过程中的制度问题也在一定程度上导致了资源浪费，造成了结构性短缺。这种制度问题主要体现在规划布局、供给决策与项目监管方面。首先，在基本公共服务规划布局方面，许多地方政府缺乏统筹规划，设计也不尽科学，并不能解决农民的实际需要。其次，项目制逐渐成为政府提供基本公共服务的主要形式，这种自上而下的决策方式缺乏农民的民主参与，乡镇一级往往希望通过这些项目进行政绩造点，并不能精准反映出农民的实际需求。尤其在有些地区，村庄道路、绿化都十分亮眼，但是农业生产的基础设施陈旧且多年未得到解决。最后，则是这些提供基本公共服务的项目往往都由地方政府的关系户、村庄精英以工程等形式获得，熟人社会中的招标监管往往没有发挥实际作用。

乡村社会内部的集体行动困境造成了基本公共服务的民主决策不足，进而导致能够真正解决实际问题的基本公共服务供给不足。国家设立"一事一议"制度，希望村民能够民主协商、民主讨论并决定出真正符合村庄发展需求的公共服务。但在税费改革之后，村组织和村民缺乏有效的连接点，村干部缺乏组织行动的内在动力，村组织对实施"一事一议"制度的配合有限，对过程的参与和指导不足。同时，随着市场经济的发展和村庄内部的阶层分化，农民需求异质性特征愈发明显，加之村庄精英的大量外流，传统权威和文化秩序逐渐瓦解，整合需求成为一件困难的事情。

二、乡村基本公共服务差别化及现实表现

伴随着经济快速发展和国家对"三农"问题的高度重视，中央财政在近二十年来不断加大对"三农"的投入力度。1996年至1998年，中央财政"三农"资金的投入始终没有超过1000亿元，2003年提高到了2144亿元，是1998年的2.2倍；此后，2003年至2012年保持了21.5%的年均增长率。从图3-1就可以看出，仅在2006年至2011年间，国家对"三农"的资金投入由3517.2亿元增加到

10497.7亿元。据统计,同一时期中央财政对农户的直接补贴增加了36.3倍,年增长率高达49.5%。2005年之前,财政补贴主要倾向于生产领域,而2005年之后,国家加大了对公共服务的补贴比例,2010年以后公共服务的补贴比例已经超过了生产性补贴,可见国家除了直接通过财政转移支付增加农民收入外,更注重培育农业、农村本身的造血能力,增加乡村社会的资本存量。

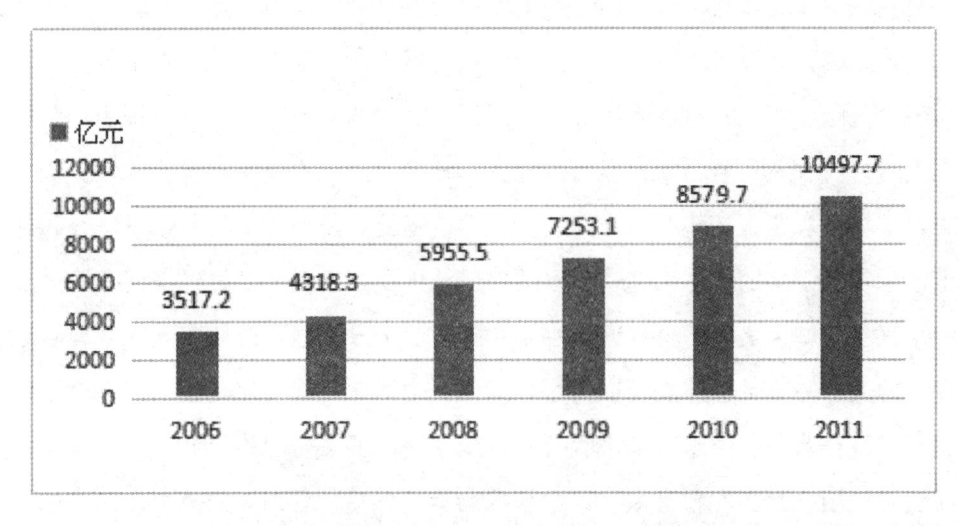

图 3-1 国家财政投入"三农"基本情况

基本公共服务城乡均等化是实现城乡融合、经济社会发展可持续的基本保障。尽管国家对这一问题高度重视,但在具体实践过程中,仍然存在诸多问题,导致乡村基本公共服务仍与城市保持一定差距,在很大程度上制约了农业、农村、农民共享经济社会发展成果的机会和能力。具体来看,乡村基本公共服务涵盖的几大主要方面 [基础设施建设、乡村教育(包括学前教育和义务教育、高中教育)、医疗卫生服务、社会保障等] 均和城市存在差别。本节我们将具体讨论这些差别的现实表现,为后面分析基本公共服务乡村差别化的实质原因奠定基础。

（一）乡村基础设施差别化

乡村基础设施一般是和农民生产生活相关的基本公共设施的总称，通常包括道路交通、水电供应、农田水利、园林绿化、医疗卫生和文化教育等生产和生活服务设施。这些基础设施是整个农业经济系统的基石，是建设新农村各项事业的基础。乡村基础设施必须与农村经济社会发展需求互相适应、互相协调才能切实提高农民的生活水平。加强农村基础设施建设对增加农民收入、缩小城乡差距、实现农村现代化具有重要意义。党的十七大报告就已提出：坚持把发展现代农业、繁荣农村经济作为首要任务，加强农村基础设施建设，健全农村市场和农业服务体系。在经历了长期的发展阶段后，乡村基础设施在整体上已经实现了质的跨越，越来越多的农民从中受惠，但从乡村经济的实际发展需求来看，城乡之间的公共设施水平差异依然十分明显，总体表现在乡村缺乏良好的人居环境，具体表现在污水处理率、生活垃圾无害化处理率、园林绿化率、燃气普及率、供水普及率等公共设施水平的城乡差距均十分突出。其中，在资源使用率方面农村自来水供给情况与城市保持了近21%的差距，而在燃气使用情况上差距更甚，超过68%；而生活环境基础设施的差距是更加明显的：乡村与城市的污水处理率相差77%，生活垃圾处理率相差超过26%。如果从环保政策要求来看，农村的环境保护状况更为恶劣，其中污水集中处理率与城市相差82.2%，垃圾无害化处理率则相差66.8%。由此可以看出，城乡居民在生活和环境方面基础设施的差距是全方位的，乡村的环境保护和资源利用状况要远远落后于城市，农民并未公平地享受到国家的基本公共服务。在这种现实情况下，只有改变"重城轻乡"的建设理念，持续加大乡村建设投入，实施城乡一体化的规划建设，才可能真正实现城乡融合发展。

首先，从总体情况来看，乡村基础设施投入力度仍然不够、农业基础设施配套不够完善。近年来，我国虽然加大了对农村基础设施建设的投入，但许多中西部农村的生产生活设施仍然薄弱。在精准扶贫政策实施之前，农村安全饮水、电及清洁能源、网络等还存在不足。尤其是在一些深度贫困地区，居民用电始终不够稳定，在集中用电时间仍存在电压不足、断电等情况，许多农民长期饮用苦水、碱水。同时，农村基础设施结构仍然需要调整。从农业的生产实际来看，能够直接改善农业生产条件的基础设施投入仍然不足，尽管国家在水利建设方面投资较大，但主要用于大江大河的治理和大型水利建设，真正作用到农田生产的水利建设并不够，且难以落实到实处。在众多农村地区，基础设施建设的"最后一公里"问题极为突出，这给农民家庭造成了不小的负担，导致农业生产成本上升、收益降低，种地不赚钱。这种情况一方面不利于农民实际收入的增加，同时也降低了农民参与农业生产的积极性，对国家的粮食安全产生威胁。另外，就是农村基础设施建设的投资力度仍然不够。当前，农村的固定资产投资额相较于城市仍有很大差距，从基础设施建设的投资体系来看，国家公共财政、市场化投资和农村内部融资是基础设施建设的三大资金来源，但现实情况却事与愿违。由于基础设施建设投资回收期长、效益低，一般的民间资本参与投资的意愿并不强，因此公共财政成为基础建设投资最强的力量。但公共财政投入难以顾及农民生产生活的方方面面，更难和农村实际精准对接，一些切身问题仍然得不到解决。

其次，乡村基础设施的维护力度不够，造成了资源浪费和事实短缺。从制度设计来看，中央对农村的专项资金大多投入到新项目当中，而设施的后续管理与维护则没有充分的支持。对于广大中西部而言，县乡两级往往财政较为困难，尤其是许多乡镇政府在支付乡镇工作人员工资后，结余不多，对项目的维护和修缮缺乏资金来源，使得农村基础设施建设资金筹集变得更加困难。各级政府对于农田水利设施、农村公路设施和农村生活性基础设施和生态环境基础设施缺乏检修，经常出现项目建设和投入使用时轰轰烈烈但后期却无人管理的情况。比如，有些农村地区清淤河流，但是由于缺乏长期监管，不久之后河流再次淤积，农田排灌设施老化；一些供村民健身娱乐的器材经常损坏，但等待维修却遥遥无期；农村公路通达深度不够，路桥不相配套。同时，国家在投入基础设施建设的同时，并没有输入相关的规则意识，基础设施维护的责任主体不清。公共基础设施属于公共资产，需要县—乡—村逐级明确责任，同时塑造农民的"主人"意识。但在现实中，上级政府往往将维护责任下压到属地，而基层本身又缺乏资金。农民群体在基础设施的使用方面存在严重的"搭便车"现象，使用和破坏都不需要担责，也不用承担维护的责任，缺乏公共意识。

最后，则是供给失衡造成的结构性短缺。从乡村社会内部来看，农民群体的集体行动能力比较弱，造成了需求表达困境。奥尔森在其著作《集体行动的逻辑》中就已经提出了群体在取得一致行动方面有着重重困难，这点在农民群体中尤为明显。在传统社会，农民的集体行动是靠建立在血缘和地缘基础上的宗法伦理达成的，中华人民共和国建立以后，随着集体运动和人民公社制度的建立，国家通过政治动员的形式塑造农民的集体行动能力，但同时这种行动能力的维持需要高度依赖行政力量。税费改革之后，乡村两级政府承担更多的是服务性角色，由于在一段时间内缺乏强有力的工作抓手，政权日渐悬浮，村干部失去了组织村民的动力。而农民群体本身也发生了较大的分化，青壮劳动力大多外出打工，村庄精英外流，村民间的利益分化也越来越明显，这导致本来用于服务农村基础设施建设的"一事一议"制度难以发挥实效。正是由于农民在公共话语权中始终难以占据主动地位，加之现行制度和政治资源并不能够激励农民主动表达意愿，这就导致农民在公共服务供给的决策环节长期缺位。在这样的背景下，农村公共服务供给主要依靠财政转移支付，而这种转移支付多以项目制的形式运作，并不一定能满足农民的实际需求，最终出现很多并不是农民需要的基础设施，而最迫切需要的公共设施反而不被重视的情况。

（二）乡村基础教育差别化

伴随着九年制义务教育的基本普及，均衡发展和教育质量问题逐步成为普遍关注的重点。进入21世纪，国家高度关注城乡教育公平问题，2001年国务院颁布的《关于基础教育改革与发展的决定》中提出基础教育要"促进地区、城乡、学校之间的均衡发展",促进教育公平、大力发展农村教育正式成为我国义务教育重要的发展方针。2005年教育部印发《关于进一步推进义务教育均衡发展的若干意见》,文件从国家层面全面阐释了义务教育公平发展,这表明城乡教育问题得到了政府部门的高度关注。"逐步实现义务教育均衡发展"的政策实施目标得到确立。2006年修订实施的新《义务教育法》,明确了各级政府"促进义务教育均衡发展"的规定。进入21世纪的义务教育,教育公平逐步取代效率优先成为主要的价值诉求,推进义务教育均衡化发展、努力提升教育质量成为这一时期义务教育发展的主要内容,主要体现在:省级统筹规划、县级政府主管义务教育办学体制逐步确立、义务教育阶段免收学杂费制度化、取消义务教育阶段重点学校制度、义务教育均衡化发展改革不断深化。整体来看,国家高度重视城乡教育的均衡发展,从现实情况来看,乡村基础教育的整体改善状况也是十分明显的。但和城市基础教育相比,乡村基础教育仍然存在较大差距,而弥补这些差距,正是实现城乡融合发展的关键。

乡村基础教育差别化的最直观体现在于公共财政在城乡教育投入上的差别化。从总体来看,中央的教育拨款中,有92%用于城市教育,8%用于乡村教育,而事实是当前农村中小学生的数量仍然是大于城市的。即使在生均经费比中,城市中的小学是农村的1.86倍,城市的初中则是农村初中的1.92倍。尽管在乡村教育的发展过程中,国家通过"两免一补""免费教育""双击双攻"和农村"特岗教师"的政策对乡村教育的发展水平予以帮扶,但力度仍然有限。优先发展城市教育进而拉动乡村教育的理念在实行过程中难免会出现资源配置上的"马太效应",通过资源的大量输入产生集聚效果,吸引优质生源,产出优质学生,同时形成城市教育的良性循环和乡村教育的恶性循环。从实践来看,乡村教育资源和城市的差距尤为明显。大多数乡村教育的多媒体教室配备数量还不能完全满足学生的上课需求,尤其是素质教育所需的音体美设施严重不足,限制了学生的全面发展。

同时，优质教师资源的匮乏始终是制约乡村基础教育发展的关键因素。曾有调查显示，和城镇相比，乡村教师的绩效工资要低很多，这种差距在中西部地区更加明显。为了加强对乡村教师的补贴，国家也出台了多项政策，比如针对乡村教育的"特岗教师"补贴，在政策伊始也确实吸引了一批教师，但由于在实行的过程中是针对"教师"的补贴而不是对"岗位"的补贴，挫伤了长期坚守在乡村教育岗位上的其他教师。同时，相对城市学校而言，乡村学校吸引资本的能力较差，这也导致城乡教师的实际收入相差较大。尽管在很多地方都开展了针对义务教育的"送教下乡"活动，但对于乡村学校来说无非是来了一个上课的教师，对于学校教师团队的建设和教师专业能力的提升效果并不明显。还有一些地区通过轮岗制、考核排名的方式推动城乡教育资源的流动，但这些做法大多流于表面，下乡教师多是出于应付的心态，而乡村学校在考核的时候给出的评分也不会太低。另外，随着城市化的推进，现在的乡村教师居住地点和工作地点都是分离的，无法为学生提供以往的课后辅导。对于农村家庭而言，家庭辅导和市场化的教育机构辅导程度是无法和城市比拟的，教师的课后辅导对学生而言是提升成绩的重要手段。越来越多的教育机构也将市场扩展到了乡村，但是市场化的辅导质量良莠不齐，同时也给农村家庭带来不小的经济负担。

当前的基础教育在教学内容和教育目标上，天然地将乡村生活、乡村文化和乡村价值排除在外。城乡基础教育应该是一种统筹性发展、你中有我、我中有你的关系，因为从功能论的视角来看，城乡本身就是一个连续系统。合理的教育目标应该是尊重本土实际，考虑到农村经济、文化和社会发展的现实需要，而不是仅仅培育适合科技农业的技术性人才。然而在现实中，乡村教育已经不可避免地全方位被城市教育侵入和裹挟。在课堂教育中，书本和考试的设置都是城市导向的，这不仅要求学生要在生活体验上向城市靠近，还要在价值观上实现城市化。比如在某省的一次高考试题中，作文的写作内容是关于共享单车使用的，而对于大多来自农村家庭的考生而言，他们根本没有体验过共享单车。对此，有学者认为，"现代学校教育课程一个重要内容就是培养对工业、城市和现代生活的向往和羡慕，这种内容在面对农村学校及其学生时愈发凸显，城市在这里成了工业、现代化和现代幸福生活的象征。这种内容也许是课本和课程编制者下意识制定的，但它们在农村学校中会被接受为一种明确的意识"。长此以往，城乡教育发展的重心在"城"，农村教育的整体思路不断模仿城市近乎工业流水线式的学校管理，忽视了乡村在工业化和城市化发展过程中遇到的物质和文化价值上的困境，而来自乡村的学生在接受了这种过程培养后将很难保持乡土生活的能力以及对乡土文化的情感。因此当前乡村基础教育培养出来的人才都大量向城市输送，但却吸引不来人才来建设乡村，从而造成乡村贫瘠。

（三）乡村医疗卫生服务差别化

从中华人民共和国成立到改革开放初期（1949年至1978年），是城乡二元医疗卫生服务体系逐渐确立阶段，这一阶段的基本医疗卫生服务基本能做到城乡兼顾。新中国成立之初，国家在经历了长期的战乱动荡之后面临的是较为严峻的医疗卫生状况：疾病肆虐、诊疗条件短缺、国民身体素质较差。为了快速建立基本的医疗卫生体系，中国于1949年11月成立了中央人民政府卫生部，由此确立国家和政府是医疗卫生服务的主体。这种管理模式在改革开放前三十年为中国人民提供了必要的医疗卫生服务并始终占据主导地位，中国的医疗卫生事业在这段时间内和其他公共事业一起被纳入高度集中的管理体制。从具体过程来看，国家首先在政策上明确了医疗卫生政策的服务对象和工作方法，即面向工农兵、预防为主、团结中西医、卫生工作与群众运动相结合。针对公共卫生领域，党和国家从长久的战乱社会中不断总结经验并结合现代医学理念，首次提出公共卫生是医疗卫生事业的重中之重，必须优先考虑。通过发挥计划经济优势在较短的时间内为全民建立了免费的城乡三级医疗卫生保健网络，为我国公共卫生的预防体系建设奠定了基础。这一体系的维持和运转有统收统支的公共财政作为保障，同时计划时期的医疗成本普遍较低，这在很大程度上保证了城市和农村居民都能免费享受最基本的医疗卫生服务。

在政策和制度设计的实际推行过程中，由于国家财政力量有限，农村的免费医疗福利进展曲折而缓慢。从政策设计来看，国家着重保障城市居民的基本医疗卫生服务。卫生部于1951年4月发布《关于健全和发展全国卫生基层组织的决定》《关于调整医药卫生事业中公私关系的决定》两份文件，开始对城镇地区的三级医疗卫生预防体系建设进行规划与指导，政府机关、各级企事业单位开办的医疗卫生机构全部接受卫生部的统一领导以及人事、物资调配，这种医疗体系保证了单位制度下城市居民享受基本医疗卫生服务的公益性和福利性。此后，国家于1952年至1956年间进一步明确了国家工作人员在就医方面享受公费待遇，并最终将这一福利保障群体扩大到高等教育在校生、国家机关退休人员和乡镇工作人员。与城市日渐明确的医疗服务体系相比，广大农村地区的医疗卫生网络体系建设十分缓慢，直到1958年全国农村的合作医疗覆盖率仅为10%，农民的受益程度更是远远低于城市居民。随后，党和国家渐渐意识到城乡之间的巨大差距并着手改善农村的医疗卫生状况。60年代中期，卫生部党委在发表《关于把卫生工作重点放到农村的报告》时着重强调了当时农村医疗卫生工作的重要地位，并做出了组织城市医疗卫生人员服务农村、建设农村医疗卫生体系的重要决定。在这一政策助力下，大量乡村卫生人员得以培育，"赤脚医生"制度开始在广大乡村地区逐渐普及。1976年，农村地区合作医疗覆盖程度达到90%，农村的基本医疗卫生问题得到了逐步解决和基本保障，农民可以相对公平地享受国家医疗卫生制度的福利。

1978年至2002年，我国社会主义市场经济体制逐步建立，医疗卫生事业也随党和国家的工作重点一起进入社会主义现代化建设的新阶段。社会主义市场经济改革的一大目标，就是主张政企分开和国有企业转制，在"以经济建设为中心"和效率优先的发展理念影响下，单位福利制度也开始了向市场经济"甩包袱"的过程。卫生部在1979年率先释放出卫生事业市场化改革的信号，并于两年之后通过《医院经济管理暂行办法》和《关于加强卫生机构经济管理的意见》两份文件，开始了市场化改革的步伐。根据这两份文件的指导意见，今后各级卫生部门都要通过经济手段进行管理，要运用市场化的考核方式来提高医疗卫生系统的效益。在正式确立了医疗卫生领域改革的基本方向后，国家开始逐步推动城镇职工医疗卫生和社会保障制度的确立。1988年3月，经国务院批准，由卫生部牵头成立财政部、人事部等八部门参加的国家医疗制度改革研讨小组，负责提出劳保医疗和公费医疗改革方案，同年7月推出《职工医疗保险制度设想（草案）》。经过在部分发达地区和全国其他地区的扩大试点，国务院最终于1998年12月发布了《国务院关于建立城镇职工基本医疗保险制度的决定》，这标志着市场化时代中国城镇地区职工医疗保险制度全面确立。

与先开先行的城市医疗卫生系统改革不同，乡村地区的医疗卫生服务体系则面临着缺乏制度保障、建设和投入经费不足、人才短缺的多重困境。首先，随着80年代农村经济体制的改革，农村合作医疗的主要资金来源失去了保障，而村集体政治动员能力的逐渐减弱，更是导致农村合作医疗缺乏组织成本的承担者，这直接导致广大农村地区的合作医疗制度发展遭遇重大挫折，以致在80年代末倒退至新中国成立初期水平。进入90年代，中国政府开始重新将医疗卫生工作重点向农村转移，1993年至1997年间，国务院联合卫生部等部门在政策上明确了农村合作医疗的基本指导意见，也使得农村合作医疗得以恢复和发展。但是，合作医疗本身对地方财政依赖较大，需要地方财政长期投入。1994年我国实行分税制改革，国家财力向中央集中，地方政府的财权被限制、积极性被削弱从而减少了民生投入。在单一经济指标的考核下，地方政府对合作医疗制度的财政投入大规模紧缩，导致农村合作医疗实际上仍处于较低水平。总体来看，这一时期的基本医疗卫生服务由于过分看重经济效益从而走向了服务产业化和组织私人化，市场力量主导基层医疗直接导致农民的就医成本上升、日常医疗卫生服务供给不足。而政府在公共卫生领域的消极作为则加剧了农村医疗卫生服务状况的恶化，农民"看病难、看病贵"进而影响国民健康水平，医疗卫生服务在城乡间的差距越来越大。

2002年至今，基本医疗卫生服务进入城乡统筹发展期。首先，于2003年暴发的"非典"疫情使得医疗卫生领域市场化改革以来的积弊更加突出，中国政府和中国社会必须直面长期以来的城乡发展差距，建立合理的乡村医疗卫生体系。通过吸取疫情的经验教训和国际社会的先进经验，国家以疾病预防控制为重点，以农村公共卫生建设为中心，完善和加强全国公共卫生体系建设，最终建立起全面覆盖的公共卫生事件预警和应急机制。2007年10月，党的十七大提出"建设覆盖城乡居民的公共卫生服务体系、医疗服务体系、医疗保障体系、药品供应保障体系"。随后中共中央迅速将新农合制度试点工程由局部推向全国，新农合制度于2008年在全国农村全面确立。与此同时，中央和各级地方政府不断加强新农合财政投入，城乡基本医疗卫生服务差距逐渐缩小。党的十八大和十九大持续关注这一问题，并于2016年制度性地确定了城乡居民公平享有基本医疗保险的权益。

可以说，国家通过一系列的制度建设和财政投入从宏观上保证了农村居民享受基本医疗卫生服务，但从客观实践来看，农村医疗卫生服务在服务水平、服务质量和服务机会方面仍然和城市有一定差距。首先，农村医疗设施器材相对落后，医务从业人员的治疗水平普遍不足，尤其是国家实施基药管理之后，留在村卫生室服务的基本还是老一辈的"赤脚医生"，年龄普遍较大，看病有误差，且乡村两级的医疗机构药品有限，只能治疗和缓解一些轻症，而一些大病急病则有可能会耽误最佳治疗时间。其次，农村合作医疗报销范围较小，只有乡镇卫生院和县城里的小医院门诊能够报销，大医院只有住院的情况下才能报销。在生病不住院的情况下，一些检查费和医药治疗费对于贫困家庭来讲也是不轻的负担。尤其是在大病和慢性病方面，农村家庭往往要承受更大的负担。

（四）乡村社会保障体系差别化

一般来讲，社会保障由社会保险、社会救济、社会福利和优抚安置四个部分组成。作为一种国民收入再分配的形式，社会保障对保障社会公平、促进经济社会发展具有重要作用，需要通过制度和实践落实。中国社会保障制度经历了三个主要时期：首先是计划经济时代，城乡居民的社会保障与福利待遇都是通过国家的行政命令进行一体化安排和资源配置，这种社会保障制度实行的是自上而下的直接控制；随后到改革开放与市场转型初期，在中央—地方分权博弈下城镇职工和农村居民的社会保障制度通过自下而上的政策推动与局部试验快速走向了市场化，城乡基本社会保障差距迅速扩大；最后则是新时期以来，党和国家在发展理念方面越来越重视全体人民公平享有经济建设成果，通过信息技术的应用和制度体系、组织结构的功能互嵌重组重新走向城乡统筹、注重公平和均衡的发展道路。党的十八大报告明确指出，"要坚持全覆盖、保基本、多层次可持续方针，以增强公平性、适应流动性、保证可持续性为重点，全面建成覆盖城乡居民的社会保障体系"。然而在实践过程中，已经覆盖城乡的社会保障制度还存在以下问题需要解决：

第一，制度本身的不公平性依然存在，农村和城市之间还存在一定差距。当前的社会保障制度依然偏向城市，并没有实现真正的城乡统筹。其中凸显的问题之一便是数量庞大的农民工群体的社会保障始终还未落到实处。从总体来看，只有1/5左右的农民工能够参与城镇基本医疗保险，而参与职工养老保险、工伤保险、失业保险和生育保险的比例则更低。其次，农村的社会保障水平也是远低于城市的，尤其是城市社会保障的门槛较高，农业转移劳动力想要加入其中有一定难度。虽然国家通过强化企业承担员工社会保障责任来解决农民工的社会保障问题，但是众多农民工参与的是非正式就业，按照职工标准参与社会保障的自费部分往往对于家庭贫困的农民工而言也是一项负担。因此在现实中，许多农民工自愿放弃了参与城市社会保障的机会，造成了制度在建设过程中的不公平性。

第二，社会保障制度与当前城市化发展进程不协调。随着城市化的快速推进，农村青壮年劳动力不断向城市转移，农村老年群体和失地农民的数量不断提高，这部分群体更加需要公平的社会保障制度来保障他们的合法权益。根据相关统计数据，当前农村60岁以上人口的数量已经超过全国平均水平，农村老龄化水平不断提高，但是农村老人在社会保障方面需要的医疗救助和养老支撑等是远不及城市的。此外，失地农民既缺乏相应的社会保障，又缺乏就业机会，还失去了赖以生存的生产资料，给经济社会的和谐稳定带来了一定挑战。

第三，农村社会保障资金缺乏有力支撑。当前农村社会保障建设仍存在较大缺口，这是制约农村社会保障发展的关键因素。首先，中央财政对于农村社会保障制度建设资金投入不足，当前财政投入的重点仍是城镇社会保障制度建设。农村社会保障体系所得资金总量较少且农村人口对社会保障的刚性需求日渐增强，这在制度上限制了农民生活水平的提高。其次，基层政府对农村社会保障制度建设投入的资金有限。基层政府财政能力十分有限，尤其是中西部地区地方政府的发展观念仍是以经济建设为中心，能够用于投入社会保障体系的资金量十分有限，甚至要通过举债的方式才能保证农村社会保障体系的运行。最后，农村社会保障资金筹集途径十分有限，还没有构建出多元化的融资渠道。社会资本和慈善资金很少向农村流动，城乡社会保障体系还未并轨，这加剧了农村社会保障的资金困难。

三、城乡基本公共服务差异化的制度性成因

国家"十四五"规划明确提出要在新的历史时期"基本公共服务均等化水平明显提高，全民受教育程度不断上升，多层次社会保障体系更加健全，卫生健康体系更加完善，脱贫攻坚成果巩固拓展，乡村振兴战略全面推进"。实现城乡基本公共服务均等化，是党和国家坚持和完善中国特色社会主义制度、实

现国家治理现代化的关键途径之一,也是切实提升人民福祉的必然选择。基本公共服务均等化是破除城乡二元结构、实现城乡社会融合发展、彰显社会公平正义的重要体现,也是当前基层治理面对的重大挑战。近年来,居民最为关注的教育、医疗卫生等基本公共服务得到了较好的改善,城乡之间义务教育阶段的资源投入和发展差距不断缩小;农村医疗卫生水平不断提高,农民家庭的卫生健康问题逐步得到解决;农村社会保障状况不断改善,农业科技与现代化生产设施等扶持力度越来越大。但是,当前城乡之间基本公共服务仍存在一定差距,这极大地削弱了农民群体平等享有国家公共品的权利。城市居民享有国家提供的基本生活保障、经济型住房、教育、医疗、养老等基本公共服务,而农村居民则难以在这些基本公共服务的方方面面获得和城市居民同等待遇。尤其对于外出务工群体而言,他们既难以参与当地的医疗保险,也没有在实质上享受到新型农村合作医疗制度带来的便利,往往在缴费、报销等问题上遇到巨大困难。基本公共服务乡村差别化,为城乡融合发展带来巨大挑战,因此探究其背后的制度性成因具有重要意义。

(一)基层政府财政权力的有限性与事权的无限性

当前,基层政府财权的有限性和事权的无限性是导致基本公共服务乡村差别化的首要制度因素。真正有效的公共财政体制,是与经济社会发展水平和人民诉求相适应的,它不仅能够提供高质量的服务,更重要的是能够为不同阶层的社会成员提供平等的享有服务的机会,能够弥合城乡差距,为乡村社会发展提供最大保障。当前,中央与地方之间的财政不平衡成为制约农村基本公共服务发展的重要原因(郭庆旺和贾俊雪,2008)。对转移支付制度实施的前后不同阶段(1990—1994年和2001—2005年)进行探究,发现我国省级基本公共服务水平并没有因为转移支付制度的实施而发生实质性改变。也有学者对转移支付制度持消极态度,认为这项制度的固有缺陷加剧了地方经济发展中的城乡两极分化，对城乡基本公共服务均等化进程并未发挥实质作用。还有学者如胡斌和毛艳华通过研究认为，一般性转移支付对城乡基本公共服务均等化起到积极作用，但是税收返还和专项转移支付则对缩小城乡基本公共服务差距收效甚微。从整体来看，学界对于分税制财政体制下存在的中央和地方财政不平衡的看法是基本一致的。财政不平衡的最突出表现就是中央和地方在财权和事权上的不匹配。根据《关于2019年中央和地方预算执行情况与2020年中央和地方预算草案的报告》，2019年中央财政的支出总量为110799.41亿元，其中本级支出35115.15亿元，占总支出的31.69%，中央对地方税收的返还和转移支付共计74415.1亿元，占中央总支出的67.16%。与中央财政相比，地方一般公共预算收入为175491.92亿元，其中本级收入为101076.82亿元，占总收入的57.60%，中央一般性转移支付和专项转移支付占地方总收入的42.40%。2019年地方预算总支出为203758.87亿元，其中中央政府承担预算总支出的36.52%，地方政府承担63.48%。其中，基本公共服务支出全年共计170158.3亿元，占地方预算总支出的83.51%。

以上数据可以看出，中央和地方之间的财政收入和支出显示出了极大的不平衡，财政收入十分偏向中央，而涉及影响人民生活水平的关键支出则严重偏向地方。地方政府收入有一半是依靠自身力量筹集的，还有三成左右依赖中央财政的税收返还和转移性支付，这中间遗留了一个较大的财政缺口。为了弥补财政收入的不足和营造地方政绩，大多数基层政府都是通过举债的方式来维持自身运转的。2020年，贵州独山县就被曝出负债上百亿，而县级的财政收入每年不到十个亿。相关调查数据也显示，当前基层政府的负债规模是十分惊人的。这种通过抵押政府信用从而获得财政收入的方法只能够在短期内缓解地方财政困难，但却给地方经济社会的可持续发展造成巨大隐患。在巨大的财政压力和地方政府竞争之下，大多数地方财政都是将资金投入能够打造亮点的基础设施建设和需求刚性的义务教育方面，对于农民的社会保障、医疗卫生和公共文化需求等方面往往投入十分有限，导致基本公共服务的不均衡性和城乡差异性长期存在。

地方政府间的财政不平衡加剧了基本公共服务的乡村差别化。省—市—县—乡四级地方政府的财政收支不平衡现象也很突出：首先，基层政府在基本公共服务支出承担的责任较大且主要集中在市县两级，其中县级政府的支出责任最大，占到四级政府中的50%，市级政府占到20%。对于大多数中西部地区，县城往往缺少实体经济的支撑而更多地成为县乡居民的消费场域，其自身的财政收入能力是十分有限的，而经济实力较强的地级市数量也比较少。在基本公共服务供给方面，这两级政府高度依赖中央财政转移性支付和省域范围内的财政统筹。但基于当前的实际情况来看，基层政府的事权远远高于财权，财政缺口有不断扩大的趋势。这体现了当前的分税财政体制并没有厘清各级政府间的关系，导致基本公共服务的支出责任被一级一级压实到基层，这让基层政府不仅承担了基本公共服务均等化的大部分财政支出，同时背负实现基本公共服务均等化的主要责任，这加重了基层负担。其次，当前的转移支付制度还不够完善。其中，监督政府财政资金转移支付的相关法律法规还不够健全，容易在资金转移过程中出现贪腐、滥用的情况，影响了基本公共服务均等化的实际效果。从结构功能来看，当前的转移支付制度作为协调地区发展差距的重要手段其均衡功能仍不够强，财政转移支付的规模和一般性转移支付的规模仍然较低。

（二）地方政府竞争与地方官员弹性化任期

地方政府竞争是中国经济社会转型期间的重要特征，地方政府参与竞争锦标赛的方式主要有三种：公共品供给竞争、税收竞争和制度竞争。其中，公共品供给竞争是地方政府竞争最主要的表现形式，因为无论是税收竞争还是制度竞争，最终的目的都是提高地方的公共品融资。在竞争锦标赛机制下，地方政府为了在同级竞争中脱颖而出，会逐渐演变成为"生产型政府"，即重生产、轻分配的政府。地方政府在政绩观念方面的偏误使其在投资和消费、投资型公共品和消费型公共品支出等方面存在偏好差异。地方政府为提升本地区的竞争力从而吸引资本流入，更倾向于增加交通道路、基础设施等能够在短期内提升GDP数字的投资型公共品投入，这在一定程度上挤占了地方性社会保障支出，使得教育、医疗、养老等方面的投入不足，影响居民的实际生活质量。而政府的生产性投资优化了企业的生产经营环境，企业收入增速会快于劳动力收入增速，致使收入分配格局失衡。在地方政府官员自主权增加和以经济增长为主要目标的考核机制下，城市投资偏好成为地方政府的必然选择。

中国现行政治体制下，地方政府官员任命主要来自上级政府任命，其中政绩是上级考察下级的最主要指标。这种政治体制激励着地方官员展开以经济增长竞争为主要形式的地方政府竞争。在地方财政有限的情况下，地方政府为了实现经济增长就会更注重投资的回报率，经济领域和城市地区则成为投资首选。长此以往，政府投资则呈现出"扶强不扶弱、扶城不扶村"的习惯，导致农村地区的基本公共服务始终与城市保持较大差距，尤其是在民生领域享受到的待遇更是远不如城市。如1979年国家提出中国劳动力过剩与国际资本相结合的"引进外资"政策，各地区为了响应号召抓住发展机会纷纷投资建设了大批道路交通、机场等工程项目，实施企业补贴政策。众多沿海地区则设立经济特区、经济技术开发区等获取中央优惠政策。在时机和政策的加持下，城市经济快速发展，但随之而来的则是农村发展始终缓慢，城乡差距日益扩大最终演变为"三农"问题。

从地方政府的视角来看，造成城乡公共服务差距的另一体制性原因则在于中国地方官员的弹性化任期。随着我国经济社会认识的不断深入，越来越多的研究证明政治因素尤其是地方官员的因素在解释中国成就和中国问题方面发挥着重要作用。相关学者认为，官员在地方经济发展、公共品供给中发挥至关重要的作用，上级在注重考核经济绩效的过程中，官员会为了发展经济而牺牲公共品的供给。一般来讲，县委书记的一个任期是5年，但相关数据显示，80%左右的县委书记平均任期不足5年，还有个别县委书记的任期超过5年，实际任期在5年的县委书记数量不到总数的20%。总体来看，东部和中西部不同地区的县委书记任期都是长短不一、随时可能迁调的弹性规则，其中任期3—4年的最多（表3-1）。和西方社区选举下的固定任期不同，中国的弹性任期对于地方官员而言没有固定的考核节点，而考核本身又是由上级决定的，因此地方政府的考核压力是常态化的，官员政绩表现的可视化必须在任期内凸显。一般而言，地市级和县级官员任期越长，其晋升可能性越低，被降职的风险也伴随提高，这会让每个官员都倾向于采取"小步跑"的方式实现尽快晋升。在这种现实压力下，官员在任期内会策略化安排其行为，实现政治收益和经济收益的最大化，其中最重要的则是财政支出安排。

表 3-1　中国县委书记任期分布

任期（年）	1	2	3	4	5	6	7	8	9
人数	421	1126	1476	1432	1057	481	205	110	51

经济绩效依然是众多中西部地区考察地方官员政绩最为重要的指标，官员必然会将发展经济作为任期内的重要目标，且经济绩效必须在任期内显现。因此，地方政府更倾向于将财力投入短期内能够带来政治利益和绩效的领域，而教育、文化、民生等领域的发展需要长期投入，且很难在短期内展示出成果，因此往往被忽略。在现实中，一些农村的灌溉设施多年未有改善，也存在一些地区农民的教育、医疗问题未得到妥善解决的情况。

（三）项目制运行下的地方逻辑与执行偏差

农村税费改革后，乡村基层组织面临财力短缺和工作动力不足的困境，难以维持乡村基本公共服务的基本运行。在此背景下，国家通过财政转移支付来维持基层组织的日常运行，并通过转移支付的形式建立自上而下的项目发包制度来解决村庄外部、乡镇内部的公共品供给问题，通过"一事一议"制度来解决村落内部的公共品供给问题。税费改革之前，乡村基本公共服务供给主要采取的是"制度外"的自上而下的决策机制，这种供给方式在制度设计本身加重了农村负担，造成了农村和城市在基本公共服务供给上的不公平，而其非制度化、随机性的筹资手段也在一定程度上助长了腐败的滋生，造成国家和农民之间的紧张关系。而项目制的供给方式则在制度上将乡村基本公共服务纳入国家财政体系之内，这种"制度内"的供给模式首先保障了农村居民和城市居民在享受基本公共服务方面的平等地位，大大减轻了农村负担。同时，国家在项目发包的过程中建立了统一标准，将项目资金使用纳入规范化管理体系当中，在一定程度上保证了项目运行的绩效。

具有"技术理性"的项目制在县以上的各个环节中是运行有效的，因为中央政府、省级政府、地市级政府再到县级政府主要负责和履行项目审批和项目管理的职责，在以上几个层级间，上级向下级转移"管理权"，同时通过技术手段实现自身"监督权"，整个过程通过"条"的关系可以很顺利完成。但到了县级以下，项目制最重要的实施工作需要在这一级完成，即是项目资金的具体转化和落实，这还需要"块与块"的协作，更重要的是和农民"打交道"的能力。在实际运行中，项目制多是在这个环节出现问题。因为项目一旦发包到了县乡一级，项目制的运行本身就和基本治理耦合在一起。项目想要取得理想效果，需要捋顺基层社会的各种关系，同时需要基层治理主体相互配合，解决好各种矛盾。一个项目在运行的过程中不仅包含着工程技术因素和管理技术因素，而且包含着复杂的利益调整和矛盾化解工作。

乡镇政府作为项目制落实的最后一级基层组织，是"块块"组织的最末端，在体制内的话语权较小。村民自治组织同样具有准"块块"组织的性质，但是项目本身的主要负责部门属于"条条"组织，这就导致项目在具体的落实转化过程中会不可避免地出现"条块矛盾"。市、县中的相关负责部门希望通过项目管理本身来实现对乡村两级的约束和制约，因为如果缺乏明确的标准和有效监督，项目资金很有可能被基层组织挪用，影响项目效果的发挥。但是，负责部门如果希望项目能够顺利转化，就离不开县乡两级的配合，同时也缺乏对这两级的激励手段，这在项目的运行中形成了内在张力。对县级政府而言，由于其对国家财政的转移支付依赖程度越来越大，项目资金的功能定位不仅仅是按照规划实现乡村基本公共服务供给，还要通过"打包"的形式将各种项目融合和捆绑成一个大型工程，使得其不仅能够动员多方主体从而吸引到更多资源，更加能够完成地方大规划，打造政绩。县级政府要求县级职能部门和乡村两级在项目资金的申请和使用过程中必须提供资金配套支持，同时项目资金在使用过程中并不完全用于实现项目本身意图，往往用于打造其他政绩工程。

需要注意的是，乡村基本公共服务具有分散和多样化特征，而项目制在供给公共服务的过程中往往都是自上而下决策的，农民在其中缺乏有效表达，政府在项目的制定和审批过程中无法精确掌握农民的实际偏好、匹配额度、瞄准目标、优先对象等信息，这就在客观上造成了项目失准、浪费、重复建设的情况。当政府采用"一刀切"的方式进行公共服务供给时，势必会造成标准化的、同质的供给无法满足农民多样化诉求，最终由供给端而非需求端决定了公共服务供给的内容和方式。这种情况导致国家尽管每年都向农村发包大量项目，但依然无法保证公共服务的供给效率。同时在项目的具体实施过程中，由于监督单位与工程质量本身不存在切身的利益关联，经常会出现监督单位与施工单位合谋造假的行为。更重要的问题是，由于监督和验收标准是统一和标准化的，但乡村基本公共服务往往具有复杂性和多样化特征，往往不能完全纳入统一体系当中。许多监督部门为了节省成本，往往在实际的验收过程中采取形式化流程，并不会追踪工程在后续使用中的实际效果，这也就导致许多农田基础设施在修建不久后就荒废。

（四）农村居民利益诉求与民主表达机制欠缺

在取消农业税后，国家推出"一事一议"制度用于解决村庄内部的公共服务决策与供给问题。"一事一议"制度的设计目的在于农民通过民主决策、民主参与来实现部分基本公共服务的自我供给，同时调动农村参与公共事务的积极性，真正实现村民自我服务、自我管理、自我监督。但在实施过程中，"一事一议"制度取得的实际效果并不理想，按照国家实施标准的人均筹资上限和议办一事匡算，真正开展了"一事一议"的行政村的比例大概在20%，且筹资并没有随着税费改革的深入和"一事一议"的广泛推行而增加。不仅如此，"一事一议"制度在许多地方形同虚设，村庄内部公共服务的供给依然由村两委班子决定，很多地方连村民大会都没有召开。在集体化时代，农民被严格束缚在土地上，以组为共同的生产和生活单位，通过政治动员的方式可以十分容易地将农民组织在一起。随着市场经济的逐步确立与发展，乡村的开放程度日益提升，大量青壮年劳动力外出务工，村庄空心化特征愈发明显。在一些中西部村庄，召开村民大会都是一件十分不易的事，而选出能够组织村民的带头人更是困难。

同时，在农业税费取消后的相当长一段时间内，乡村公权力都处于"悬浮"状态，尤其是一些村干部缺乏组织和动员村民的动力。在面对筹资筹劳兴办集体公益性事业的问题时，由于缺乏适当的激励机制，许多村干部都有畏难情绪，不敢承担责任。在干群关系没有捋顺的地区，群众和村干部之间的信任关系十分薄弱，一些群众认为村干部组织"一事一议"必然会夹带私利，因此拒绝参与。而对于一些存在"搭便车"心理的群众而言，公共事业的兴办与他们的利益关联程度并不十分紧密，因此持观望态度。因此在具体的实施过程中，乡村干部大多采取的都是观望的态度，缺乏实施的主动性。因此在实地调研中我们发现，"一事一议"的国家财政奖补大多成为村级组织的日常办公费用，并没有实际应用到改善村民生活当中。在这样的情况下，村民和村干部往往对"一事一议"制度不再抱有任何期待，转而将公共服务的提升全部寄托在项目制之上。如此，公共服务的供给内容和供给方式更加依赖供给端而非需求端。

从村民群体来看，公共服务本身难以对接每个人、每个家庭的不同需求。但是农民对公共服务的看法往往有着自己的公私观念。一般而言，任何一项决议都会得到受益村民的支持，而那些没有收益甚至利益受损的村民往往会持反对意见，甚至引发群体性行为，因此很难形成一致决议。另一方面，"一事一议"即便表决通过，但不同意者仍然可以在工程实施的过程中拒绝出资出力从而进行抵抗，且村级组织对这部分群体并没有有效的约束手段。个别村民的不合作很容易导致整个工程难以实施，甚至会形成不良示范效应最终造成其他村民放弃配合。从政策的制定目标来看，"一事一议"制度在制定之初就肩负着为农民减负和提供基本公共服务的双重责任。但在实施过程中，两个目标之间常常存在张力。进行村庄公益事业建设必须要向农民摊派资金，而这会让村干部和村级组织面临双重合法性的考验：一方面，如果乡村干部不能组织好村庄公益事业，其存在的合法性就会遭受村民和上级政府的质疑；另一方面，如果村干部通过摊派的形式维持村级公益事业，则会面临加重农民负担的质疑。

在现实当中，一旦"一事一议"在实施过程中加重了农民负担，项目就会被一票否决。因此，那些将"一事一议"落实得比较好的村庄往往拥有较为可观的集体收入。村干部本身也是追求自身利益最大化的理性行动者，在当前村级债务压力大、村庄行政化特征愈发明显的情况下，村干部最为稳妥的行为就是维持当前秩序，"当一天和尚撞一天钟"。同时，在一些相对传统的村庄，村级组织具有充分的人力资源、信息资源和关系网络优势。村干部作为"一事一议"制度实施的组织者和领导者，往往会在规则上为利益相关者提供优势，可以在一定程度上控制村民的选择。这种以干部为核心的规则制定方式并不利于村民"一人一票"优势的实现，从而掩盖真正的民主表达。

四、城乡基本公共服务均等化的优化机制

实现城乡居民基本公共服务均等化是国家治理体系和治理能力现代化的重要体现，也是社会主义制度的根本要求。当前，我国基本公共服务均等化水平与经济发展速度并不匹配，尤其是基本公共服务乡村差别化问题依然明显。本文通过第二节和第三节内容具体描述了基本公共服务乡村差别化的具体表现并阐释了形成原因，本节将以上面内容作为基础进而探究城乡基本公共服务均等化的优化机制，将着重从制度和实践两个方面进行阐释。

（一）城乡基本公共服务均等化的制度优化机制

1.推进财权与事权相匹配的行政体制改革

财权与事权不匹配是制约基层政府提供基本公共服务能力的首要制度性要素，因此厘清当前中央和地方之间的财政关系是至关重要的。为达到这一目的，首先要明确各级政府基于自身收入分配的支出责任，通过建立制度性的收支关系缓解和改善公共财政向上集中和地方政府过度依赖转移支付的状况。省级政府要做好财政的统筹分配和全省预决算规划，要指导和监督各市县的具体落实情况，其中县级政府作为基层一级政府的财政收支情况尤为值得关注，要保证县级政府保留和当地治理事务相匹配的财政自主权力。在界定各级政府财政关系的基础上，根据"分级管理，分级负担"的原则，按照各级政府承担的事权和共享事权规划出相应支出责任和分摊机制。省域范围内要系统性统筹公共服务资源，不断完善公共服务体系，同时要在实施过程中注重"让权放利"，将公共项目实施的决策权和监督权向基层政府转移，给基层民众尤其是广大农民群体足够空间去选择基本公共服务项目，真正做到基层民主。与此同时，基层人民代表大会必须落实好监督基层政府执行项目真正保证民意的表达，让项目本身更能满足农民实际生活需要。在落实城乡基本公共服务均等

化的目标上，要按照"需求优先"的原则，优先实现与民生直接相关的基本公共服务均等化。比如，农田水利、农业技术的推广与服务，农民医保和社会保障，农村义务教育是基本公共服务关注和解决的首要内容，再逐步实现其他领域的基本公共服务均等化，最大程度保证国家财政的利用效率。同时，各级政府要加强自身的财政统筹规划能力，要将责任落实到本级而非向下级压实。

另外，相对于城市而言，乡村基本公共服务对政府财政支持的依赖性更强。城市本身具有吸引多方投资的优势，因此政府在公共投入方面应该主动向农村倾斜，敢于啃"硬骨头"。一方面，要建立相应法律法规保证公共投入每年在民生领域的支出比例，另一方面，各级财政必须切实履行实现城乡基本公共服务均等化的责任，要彻底改变公共财政支出过度偏向城市、忽略农村的积弊。市县政府更是要对基本公共服务均等化目标下的转移支付项目进行整合优化，要检查、整顿和监督专项转移资金的使用情况。与此同时，上级政府不仅要为下级政府提供相应的基本公共服务均等化补助资金，同时还要加强基层政府的技术治理能力，通过"互联网+"、人工智能、大数据等现代信息技术手段的应用，加快实现城乡间的公共资源优化配置的进程。

2.建立多元化政绩考核标准，稳定地方官员任期

逐步转变唯GDP的官员政绩考核机制，对于实现城乡基本公共服务均等化具有至关重要的意义。尽管当前社会环境污染、资源枯竭问题愈发突出，中央也在官员政绩考核体系中逐渐加入环境指标、民生指标和人民幸福指数等"软指标"，但在具体实践过程中，这种考核方式的落实情况并不乐观。一方面，一些中西部地区的发展观念仍然没有扭转过来，尽管大力宣传"绿水青山就是金山银山"，但在实际执政过程中仍将招商引资、提升税收作为首要目标，在一些本应保护的风景生态区大肆推进房地产、餐饮建设；另一方面，这些"软指标"缺乏具体、明确的考核办法，在实行过程中存在困难，上级政府和监管部门往往会因为操作困难和成本问题"睁一只眼闭一只眼"，导致科学的考核

指标最终只能流于形式。因此，应该积极推进环境资源、民生等基础指标的测量和统计，逐步改善政绩考核体系。要检验居民对基本公共服务的实际享受程度，就必须将民生指标置于地方政绩考核中的重要位置。基于已有研究，当前的政绩考核体系应该实现以下优化：环境污染程度，包括地区生态指数、水资源、植被等污染程度及雾霾天气出现天数等；人民幸福指数，包括省内人民迁出意愿、对省内生活满意程度、省内环境、交通等方面满意程度等；政府民生性公共品供给水平，包括政府公共品总体供给水平、民生性公共品占总体公共品比重等；民众对政府满意度，包括民众对政府执行效率、透明度等方面的满意度。

从考核的具体机制来看，当前的政绩考核和领导干部个人考核之间还缺乏有效的关联机制，干部考核量表的信度和效度都比较低。当对地方领导班子的政绩考核与对领导的个人考核不能实现细化和转化时，加之当前的党政干部考核细则过于空泛，就会导致考核评价依赖上级评价者的主观感受。当评价者没有接受过专业化、标准化的培训时，不同的评价者对同一官员的考核结果往往大相径庭，最终地方官员在治理的过程中会偏重考虑评价者的喜好，而非老百姓的真实诉求。由于这种评价方式将决定权向上级高度集中，而基层的意见和看法被忽略，这导致地方自主权消解，地方官员的作为往往和民意不符，丧失了民主集中制的制度优势。

3.强化项目制下的基本公共服务供给效率

项目制优化主要涉及两个主要方面：一是项目的实施与管理，二是对项目的监督。同时，项目制优化还涉及拓宽吸收民意表达渠道的问题。从项目实施的具体过程来看，市县以上政府主要负责项目的审批、下达、监督、验收工作，并不直接和乡村社会发生联系。这个过程依托技术治理的方式和手段就能完成，并通过科层制的层级管理压实责任。但是在市县以下的政府，项目的实施和发挥效果则需要条块系统的协作和配合，需要调动干部和群众的积极性才能达到政策目的。这个过程会涉及乡村社会的利益调配，极易引发矛盾、冲突和群众的不满情绪，需要政府切切实实和群众打交道从而弥补技术治理本身的不足。基于此，项目制本身优化需要注意这样两点：

首先，要从源头上健全项目的审核、监督和考核机制，严格落实各个层级和各个职能部门的责任配置，注重考查项目的实际效益而非仅是经济增长指标。加强对市县政府落实项目的过程监督，尤其要着重打击基层整合项目资金用于形象工程建设而忽视民生服务的现象。同时，必须建立相应的激励机制调动基层干部主动作为的积极性，创新地方考核形式，保证基层政府享有项目决策和经费使用方面相对自主的空间，加强监督和引导。同时，要将改善农业生产基础设施建设、提高农民的医疗和社会保障水平等实效性民生指标落实到考核当中，尤其是要关注基层民众对项目实施的意见看法和参与情况，实地了解项目的收益状况。

其次，则是要激活农村基层民主力量，发挥群众在项目落地过程中的监督功能和决策作用。具体来讲，乡村两级组织应该有自主决定引进项目的权利，项目资金在落实到村级后，应该召开村民代表大会和村民大会达成工程建设决策。在项目引进后，要引导村民成立相应监督小组协助项目落实，同时村干部要在实施过程中不断收集村民意见，注重协调村民与政府、村民与村民之间的利益纷争，争取做到一般问题在村内解决。通过对基本公共服务项目的决策与监督，村民的民主参与能力会得到实质性增强，基层民主得到真正落实使得国家提供的基本公共服务能够切实促进村落的发展。

除此之外，也要高度关注乡村基本公共服务供给的"最后一公里"问题，这个问题往往是项目制能够达到实效的关键环节。这个环节不仅存在一般项目建设过程中的资金投入和使用、工程决策和质量监督等一般性问题，同时还考验着基层政府和职能部门与农民打交道的能力，是群众路线这一工作方法的具体体现。同时，行政科层体系下的程序化和标准化要求往往成为形成"最后一公里"问题的主要制度因素，这种治理方式在面向农民多层次、多样化的需求时难免会过于僵化而影响基本公共服务的供给水平。因此，必须发挥基层民主的自治力量，开放农民决策空间，弥补科层体制的不足。

4.加强农村基层组织建设，完善乡村利益诉求机制

农民是乡村基本公共服务的接受主体，因此服务的供给必须要满足农民的实际需求才能达到政策本身的设计目的。在乡村基本公共服务的供给过程中，无论是政府直接或委托实施，抑或是政府支持市场主体实施，都应该坚持农民立场，倾听农民的呼声。要充分保证农民利益诉求的民主表达，除了制度本身的优化设计外，更重要的是在实践环节切实保证农民民主参与的权利。随着市场经济的深入发展和农村劳动力外流，农民需求的个性化和多样化特征愈发明显，更加需要强有力的整合手段形成农民"集体利益"的表达从而更精准地和国家政策对接。在这样的现实背景下，加强农村的基层组织建设尤其是基层党组织建设的必要性就要放在首要位置。党组织能够以专业化的方式承接自上而下的行政任务，同时较为明确的党员纪律和规范化的党性培养过程有利于实现组织内的干部监督，党员干部的先锋模范作用有利于重塑乡村社会的公序良俗，党的群众工作路线对干部倾听民意、民情具有天然要求。因此，当前必须加强基层党组织的战斗堡垒作用，健全和落实党内选举和监督制度，不断提升党组织的学习能力、创新能力和实践能力。同时要强化对农村党员的日常管理和组织化培养，保证基层党组织的活力。

"一事一议"制度具有制度和实践层面的合理性，必须在优化的基础上贯彻和落实。"一事一议"制度本是用来解决村落内部的公共服务决策和建设问题，属于村庄内部和村民自治的范畴。但在实践中，乡镇政府往往会对"一事一议"进行主观性的干预从而使其符合政府的地方性目标。因此在这一制度的实施过程中必须先要捋顺乡、村、民之间的权力结构关系，其中首要的是乡镇政府不能依靠"村财乡管"的制度设计来干预村庄内部事务，而是应该科学地承担引导和监督的责任。村级党组织也不能为了提高效率从而忽视村民自治的

地位和力量。在面对具体情况时，在遵守上级政府基本精神和原则的基础上可以适当简化程序过程，但不能省略民意表达的关键步骤。

（二）城乡基本公共服务的实践优化机制

1.继续完善乡镇基础设施建设，保障农民生活底线

许多地区在结束脱贫攻坚任务后，都将项目资源用于景观工程打造政绩，不仅浪费了大量资源，也掩盖了农民的真实诉求。事实上，尽管国家在脱贫攻坚期全面改善了乡村基础设施状况，但我们在实践中仍然能够发现农民在基础设施建设方面的诸多诉求，这种情况在中西部乡村尤为明显，并集中体现在农田水利方面。在大多数资源禀赋一般的中西部村庄，农民的家庭生计主要呈现出中青年外出务工、老年人留村种田的局面。一般的经济学视角认为，小农生产是低效的，因此也是不值得投入的，但学界的诸多研究已经证明，老人农业不仅可以产生经济效益，还能够成为农村老人的重要养老资源，为农民家庭提供稳定性支持。在一些农业基础设施完善、农业生产社会化服务水平较高的地区，许多种粮大户的年龄都超过了70岁。中老年人种田是中国普遍现状，而城市竞争也势必会导致当前的青壮年劳动力最终返回乡村，从而成为农业产业转型的后备力量。因此，继续完善农田水利设施对农业发展至关重要。同时，应该让乡镇成为近距离内农民享受基本公共服务的终端，保证乡镇的基本医疗、义务教育和贸易集散等功能，让农民留在乡村能够维持日常生活。如果乡镇基础设施衰败，那么农民家庭出于基本发展需要则会被动挤压到县城中，但大多数中西部县城缺乏相应的产业基础，农民进城后难以获得相应的就业机会，且生活成本上升，这种失衡的城乡关系则会进一步加剧社会风险，不利于城市化的稳步推进。

乡村基础设施建设不仅对乡村产业发展和农民生活质量具有重要意义，也往往能够产生激活乡村治理活力的效果。当前中国乡村的大型农田水利设施

建设在很大程度上受惠于集体化时期的筹工筹劳制度,这种方式在国家经济基础薄弱时期保证了基本的农村公共品供给。取消农业税后,国家通过"以工补农"的方式向乡村输入大量项目资金用于乡村基础设施建设,尤其是在脱贫攻坚期,乡村基础设施建设水平大幅提升。诚然,直接负担基础设施建设费用是国家的基本责任,但值得关注的是,这种供给方式既不可能完全照顾到广大乡村地区的分散需求,也缺乏组织和动员农民重塑乡村治理能力的过程。因此,国家不可能也不应该全面承接所有的乡村基础设施建设,一些小微需求应该由村社负责统合,筹工筹劳,国家提供材料和技术指导。乡村只有在不断平衡利益、协调矛盾的过程中才能够保持基本的治理能力,而这种能力往往都是在基础设施建设过程中不断形塑出来的。

2.加强乡村学校政策帮扶,促进乡村教师队伍建设

前面我们介绍过城乡间教育经费的不均衡状况,这已经成为制约乡村教育发展的关键原因。由于当前教育事业实行的是政府分级管理制度,各地政府的财政收入在很大程度上决定了当地的教育投入。根据相关统计数据,虽然农村生均公用经费支出每年都有较大幅度上涨,但是仍然低于全国平均水平,更远低于城市生均公用经费。从总体来看,全国的教育经费投入一直在增加,但是不同地区间的差异较大,不均衡现象依然突出,因此,国家政策帮扶和国家财政的统筹能力是缩小城乡教育差距的重要手段。首先,必须加强公共财政对乡村教育的帮扶力度以改善乡村学校的硬件、软件环境。同时,地方政府要注重合理调整教育经费投入结构,除了常规性的一般农村教育经费投入外,还要注重专项教育经费的使用促进城乡教育的和谐发展。其中,农村劳动力转移培训、农村留守劳动力农业技术培训、农村经纪人培训等项目都是能够切实提高农民收入、符合农村实际的专项项目,需要得到地方财政的大力支持。

其次,要注重加强农村师资队伍建设。教育主管部门要注重乡村地区教师队伍的自我优化,鼓励和支持乡村教师不断提升专业化水平和教学能力,促进

城乡学校的校际交流和互动。另外要特别注重师资队伍的稳定，不断提高乡村教师待遇从而留住高水平教师。要充分调动优秀教师与青年教师参与农村教育建设的积极性，落实相应考核方式。同时，对于乡村教师这一群体而言，其内部会因年龄分化而产生不同诉求，需要采取不同的激励方式。根据相关调查，30岁以下的青年乡村教师流动意愿高于80%，给乡村教师队伍建设带来了较大压力。青年教师基于婚恋、子女教育、职业发展和生活娱乐等需要，往往会将家庭安置在城市中，因此乡村青年教师出于家庭生活的完整性会更倾向于从乡村向城市流动。同时，当前乡村学校的绩效评定方式、大部分乡村家长的教育理念也较难让青年教师获得职业成就感，加剧了职业流动意愿。因此，整合各方力量，形成政策合力对加强乡村教师队伍建设具有重要意义：首先，在报考筛选的过程中，优先选择本地报考教师，着重培育本土教师。其次，通过提供相应补贴来弱化乡村学校在地理位置上的不足，如交通补贴、探亲补贴等，同时为青年教师提供更多的培训和学习机会。最后，则是在县域范围内统筹布局，加强城乡教师的交流与合作，增强教师的职业认同感，合理分配学校经费和教师编制，让乡村教师的职业发展和家庭生活更有保障。

3.完善城乡居民社会保障体系和医疗卫生服务

推进社会保障体系和城乡医疗体系全面整合，首要的是注重顶层制度设计，以法治为引领，增强政策的灵活性和可调试性。具体而言，要构建以政府为责任主体的财政性社会保障支柱、以单位和个人为主体的保险性社会保障支柱、以社会为主体的社会性社会保障支柱和以个人责任为主体的商业性社会保障支柱。要整合社会保障不同项目的不同类别加以区分或进行合并，清除制度冲突或重叠的部分，建立全国统一的社会保障体系。首先，必须要利用城镇居民医保和新农合、城镇居民养老保险和新农保的共通之处，进行制度和政策上的整合。同时，应该加强国家财政对新农合和新农保的支持力度，尤其是要加强对贫困地区的扶持，保障全体人民都能够公平地享受经济社会发展红利。在新的发展条件下,要建立多元的社会救助体系,发挥政府、市场和社会在公益事业和救助工作方面的不同优势。尽管政府在社会保障和医疗卫生服务方面发挥着主导作用,但并不意味着国家在公共事业中的大包大揽,政府可以通过购买服务的形式让市场和社会为基层群众提供更专业的帮助,满足不同利益主体的诉求。

同时,要注重在法律上保障城乡社会保障和医疗保障政策的统一。及时弥补农民工在享受城镇地区社会保障方面的法律空白,完善相关法律援助工作、仲裁制度;出台流动就业人员社保关系和医保关系的对接办法,健全社会保险法,从法律上保障农民工的合法权益不受侵犯。当前城乡社会保障的较大差距需要改变各层级主体长期以来权责失衡的困境,加强国家财政投入,同时要在治理手段、服务能力和保障效能方面不断增强。中国社会的资本总量是强大的,要让资本发挥社会效益就必须要加强政府引导和政策优惠,将多元主体力量共融从而建立起合理的责任分配机制和利益共享机制。要注重吸收发达国家在社会福利改革方面的先进经验,关注底层社会,注重困难群体的造血能力,形成一个政府、社会、市场、个体多方参与,多元筹资、合作共治、协同推进的良好局面。在坚持政府主体作用的同时,要大力发挥市场作用,引导社会组织广泛参与社会保障治理实践,也要注重实现公民个人治理主体责任的本体回归。

第四章

互动与互嵌：城乡融合发展的政策框架

我们在新发展阶段讨论城乡融合发展的问题时，不能遗忘城乡关系的历史发展阶段，从中华人民共和国成立以来，城乡就逐步采用了不同的机制体制，最终形成了城乡二元的社会结构与体制结构。尽管从产业和市场要素的角度看，城乡差异化的发展是一种全球性的普遍现象，但是政策导向与实施叠加下的城乡发展分化则烙印了大量的政策动力。在无法通过短期内自然变迁实现城乡发展差距、群体发展差距和区域发展差距缩小的背景下，通过建构一系列体系化的政策框架和机制将是实现城乡融合发展、缩小城乡发展差距并推动共同富裕目标实现的重要路径。《中共中央 国务院关于建立健全城乡融合发展体制机制和政策体系的意见》是推动城乡融合发展的统揽性政策框架与体系，推动城乡融合发展的具体政策也都在该政策框架下得到不断丰富和完善。

要在实质意义上推动城乡融合发展，还需从多方面破解城乡非均衡的发展模式与政策机制，这主要体现在如下几个方面：第一，需要改变以往城乡之间不合理的要素配置政策，改变以往人口、土地、资金、金融服务和科技成果等要素单向度倾斜城市的状况；第二，需要改变城乡之间公共服务供给数量不均衡、质量差异的情况，实现城乡公共服务的均等化；第三，需要改变当前阶段城乡分割的基础设施建设机制，在规划、建设与管护方面形成一体化机制；第四，需要改变长期以来农村产业结构与产业业态单一的格局，实现乡村业态的多元化和产业结构的多样化；第五，拓宽增收渠道并丰富农民收入的结构成分，形成可持续的收入增长机制。

一、城乡要素合理配置的政策机制

（一）农业转移人口市民化的政策机制

我国的城镇化还未达到历史的高位，农业农村人口城镇化的进程仍将持续，故此，如何前瞻性地围绕农民与农村人口进程做好政策准备十分关键。农业转移人口市民化在外在条件上表现为农业人口在职业、空间地域和身份类别等方面的转换，即以农业作为主要职业转换为以二、三产业为主要职业，以在农村居住为主转换为在城市居住为主，户籍类别由农村居民转换为城市居民。但农业人口市民化后会面临诸多新问题和新情况，不能仅以外在标识认定农业转移人口市民化的过程及结果，而应考虑其在城市生活密切相关的其他方面的一些问题。农业转移人口市民化指在农业人口获得城市户口、完成职业转变和身份转变的同时，平等获得城市居民各项生活便利和身份权利并真正融入城市生活之中。近年来，国务院、教育部、人力资源和社会保障部等多部门都在出台多项利于农业转移人口的相关政策，增强对农业转移人口的权益保护。

户籍制度方面，逐步进行户籍改革，部分地区探索取消城乡二元户籍分割制度。对于农业转移人口，在保障其原有农村户籍权益的基础上，应逐步完善其城市户籍权益。对于户籍类型已变更为城市居民的农业转移人口，完善其对于农业户籍的退出机制，保障其原有利益不受损害，推动其将户籍类型转化为经济利益。为了稳妥，可以对转移进城的农民户籍及其相关权利设置5—10年的过渡期，如果过渡期内无任何返村的意愿，则可以实行户籍的完全变革以及相关利益的退出。赋予农业转移人口在城市生活的相关权利，保障农业转移人口在教育、医疗等方面的权益。教育方面，解决农业转移人口随迁子女在城市接受教育的相关问题，增加农民就业技能培训，鼓励并支持农业转移人口接受学历教育。医疗方面，不断简化、完善城乡医保转移接续方案和异地就医结算方案。建立健全社会保障体系，在巩固农业转移人口原有土地保障的同时，完善其现代化保障。保障农业转移人口的土地承包权和宅基地使用权，完善土地相关的增收机制。通过确权，确定成员权、确定股权并建立产权交易平台，解决集体成员对象不明、资产权属不清、收益难以分配、产权交易不公等问题。逐渐强调用人单位为农业转移人口配备基本社会保险，如养老保险中企事业单位应负担的部分、工伤保险等。出台公共住房保障相关政策，为农业转移人口开放廉租房和经济适用房，同时给予其一定的购房补贴。社会救助方面，完善对农业转移人口的失业保障和城市最低生活保障。

在不断推动农业人口市民化、完善农业转移人口各类权益的同时，也出现了一些问题。首先，虽然户籍改革过程中逐渐取消了城乡户籍二元分割制度，但户籍分割仍在事实上存在，部分地区进行行政审批时依旧按城乡二元户籍进行审批，农业转移人口在城市的相关权益仍有待完善，这些都在事实上固化了城乡二元户籍分割的状况，让进城农民获得与城镇居民相近相同的权利十分必要；其次，城乡建设用地在发展过程中出现了同步增长的现象，这与城市化过程中农村建设用地减少往往伴随着城市建设用地增加的一般规律不符；最后，村庄空心化的困境与农民不愿退出农村各类权益并存。随着我国城市化的快速发展，外出务工的农民数量不断增加，但其中大部分农民没有退出宅基地，导致农村大量房屋和农地闲置，致使农村各类资源没有得到有效利用。同时，中央对"三农"工作的重视使得城乡统筹及相关涉农优惠政策不断推进，农村的福利持续增加，且农村集体经济组织成员身份所带来的收益也逐渐增加，这使得农业转移人口在城市落户的积极性大大降低。这些问题导致一个令人担忧的结果：乡村或相对或绝对的衰败。这些现实，直接促使中央在十九大报告中提出"乡村振兴战略"。

（二）城市下乡人口激励机制

与农业农村人口继续城镇化同时出现的还有城镇人口的下乡，这本就是人口流动层面中的城乡互动。促进城镇下乡人口能够真正在乡下稳定工作、生活将有助于实现人口结构层面的城乡互嵌发展。促进城乡融合应实现人的要素自由流通，而自由流通不仅指农业人口向城市转移，也包括城市居民向农村转移。城市居民向农村转移指城市居民为改善居住环境、体验生活方式或寻求投资机会而下乡进行生活、生产活动，包括以消费为主的下乡和以经营投资为主的下乡类型。

市民下乡有其特定的背景，首先，作为个体的市民下乡利于实现和小农户的对接。资本下乡则面临诸多问题，外来资本和小农户的对接成本较高，但涉农产业收益又较为有限，因而资本在农村中难以完全依靠外在市场条件成功经营。尽管鼓励资本下乡，但目前资本下乡的主体仍以中央政府和地方政府为主，其对于农民、农村长远发展的影响还有待进一步考量。而探索促进乡村振兴、推动城乡融合发展的路径之一——鼓励市民下乡，就能够较好地实现个体间的对接，推动劳动力要素在市场中的自由流动。其次，现代化的发展对涉农产业提出了较高的要求。个体化的农业生产中，农业生产的主力多为留守老人或以农业为辅的青壮年劳动力，但随着农业生产中科技要素的加入，留守老人已难以适应现代化农业或二、三产业的发展。因而需要有意愿发展涉农产业的城市居民下乡进行投资，发展现代农业，进行农产品的深加工并以现有产业为基础带动第三产业的发展。涉农产业的发展不仅对劳动力本身的要求较高，对资金量也有一定的要求。在需要大量投资的领域，市民带着资金下乡利于产业的发展。

在这一背景下，多地出台相关文件就市民下乡进行试点，如2017年，武汉市农委发布相关政策给出了鼓励市民下乡的具体奖补措施。下乡租赁村民房屋休闲养老、开办农家乐或乡村休闲旅行社的市民及下乡改善村庄公共基础设施的市民，都能够获得相应类别的奖补金额。政策出台后，陆续有市民下乡考察村庄环境和村民闲置房屋，结伴至距离较近、环境优越的村庄签订房屋租赁协议，不仅增加了村民的收益，还促进了农村社会的发展。此外，企业家积极寻找商机，借力政策优惠下乡投资农家乐、特色民宿等，激发着乡村社会的活力。长沙县、贵州湄潭核桃坝村等地也针对当地具体情况，出台了不同的优惠政策以吸引市民下乡，并为下乡市民融入当地生活且积极促进村庄发展做出了诸多努力。

在市民下乡的探索过程中，也遇到了诸多困难。一是土地流转的不稳定性。市民在下乡前会面临信息不对称的情况，其难以精确了解并对接流转农户。而在下乡过程中由于缺乏统一的流转标准或制约性较强的协议，市民与农户间的流转行为存在一定的不确定性，因而市民在投资其流转获得的宅基地和农地时就会更多地考虑短期获益方式而非进行长远投资，这不利于市民和农民双方长远利益的维护。二是基础设施较为匮乏。农村较城市而言，基础设施仍较为短缺。市民下乡后日常生活和生产经营所需的基础设施都需要有针对性并结合居民需求进行完善，由此吸引市民下乡。

解决这些问题，可以从以下两方面入手。一是激活闲置土地资源。一方面，探索农民以市场化机制退出农村集体经济组织，允许市民以市场化机制竞争农民关于农地的承包权；另一方面，可以探索以村为单位建立统一交易平台，保障市民长久租用农民宅基地、农地的合法权益，减少市民下乡中流转土地的风险。调研发现，目前已有部分农村开始探索建立统一的租赁平台，以村作为担保吸引市民下乡，这在很大程度上激发了市民流转农地的积极性。二是完善农村基础设施。农村基础设施较城市有所落后，但完善基础设施并非以城市为标准进行建设，而是在完善基本设施的基础上建立具有农村特色的，能够在一定程度上满足市民生活、娱乐需求的基础设施。同时，根据村庄实际情况及多数居民生产需求配备相应的基础设施，提升基础设施的配置效率和利用率。

（三）农村承包地的改革完善机制

促进城乡居民更好地实现自由流动需用活土地要素，构建城乡统一的建设用地市场。一方面不能放弃农村基本农田的底线，另一方面可以灵活运用农村非农用地，盘活农村闲置资产。承包地的改革完善，一方面是要保护现有的农业农村人口权利及其发展空间，另一方面也要为城市下乡人口的发展、生产与生活等提供可行的土地基础和空间。

延长土地承包期，不仅利于务农人口对土地长远性预期的提高，也利于解决外出务工群体进城失败后的退路问题。"三权分置"改革的实施，不仅是字面意义上权利的拆分或增加，而是在新的现实情况下对于农村土地资源的再利用及对于农民土地权利的再配置。通过这一改革，农民可以自由流转土地或将土地经营权入股，不仅实现了对农村闲置土地资源的开发利用，还切实拓宽了农民增收渠道。

在承包地改革方面，一方面应强化对农民承包土地权益的保护，另一方面则要加强对市民下乡和城市资本从事土地经营和相关涉农产业的支持力度。鼓励土地承包经营权的有偿退出是一种可行的方案。需要明确哪些农户的土地承包经营权能实现有偿流转，首先应该考虑的是长期不在村、家庭主要收入已经不再依赖农业且已经实现稳定城镇生活的农户，其次应该考虑的是那些尽管没有实现完全城镇化但收入不主要依赖土地且土地长期闲置没有合理利用的农户。

城市居民在考量下乡事项时较为关注的是土地和房屋的产权问题。由于农业投资周期较长的特质，投资者往往会加入农地稳定性的考量，倾向于获得长期稳定的保障，而在市场化的流转形式下，农地流转的不稳定性带来的风险长期客观存在，这在很大程度上挫伤了市民、资本下乡的积极性。为进一步吸引资本下乡，2017年，武汉市黄陂区率先开始试点"农村土地承包经营权有偿退出"，对于不以土地为生存条件的农户，经农户申请、审核公示等程序后，农户可自愿签订有偿退地协议。农户可选择获得一次性补偿，也可选择将补偿金作为本金，由村委会代为拆借给企业，从而获取年借款收益。两种补偿方式都大幅增加了农民收益，充分调动了农民退地的积极性，也带动了资本下乡的积极性。在首个试点村中，农户就积极响应这一政策，自愿退出闲置农地。收回的农地为工商资本及下乡市民再利用提供了便利条件，提高了土地利用率，利于农地的现代化、规模化经营。

（四）农村宅基地改革机制

宅基地制度改革有两个重要的目标群体，一方面是要为能够在城镇安居乐业的原农村居民提供退出机制或是资产收益机制，另一方面则是要为下乡的城镇人口提供可行的居住与生活基础，要保障下乡人口的安居权利。农村宅基地改革有其特定背景，一是农民居住空间的变化。随着城市化进程的加快，农民尤其是年轻一代农民与土地和农村的关系逐渐减弱，其居住空间多由农村转移到城市，农村人口减少，宅基地出现大量闲置的现象。农村人口的减少及部分村庄生态环境的恶劣使得并村及生态移民等现象开始出现并逐渐增多，村落的集聚形态和居住形态有了变化，需要出台新的宅基地分配机制以优化村庄资源配置，满足村民需求。二是农村宅基地的价值在不断凸显。随着农村二、三产业的发展，市民下乡居住及旅游等经济活动不断增多，宅基地的经济价值不断增长。城市建设用地日趋紧张，而城乡建设用地增减挂钩政策的出台使得农村闲置建设用地得以激活。

农村宅基地改革的具体内容为宅基地所有权、资格权和使用权的分置。宅基地的所有权归村集体，这与我国农村土地公有制的内在要求相吻合。宅基地的资格权归村集体成员，保障村民关于宅基地的资格权，利于农村居民住房福利的持续保障，使其能够为在村农民提供住房保障，为外出务工人员提供返乡条件。宅基地的使用权也归村集体成员，推进宅基地改革，利于将农民的宅基地使用权转变为自身收益，增加农民财产性收入。

在宅基地改革的实践中，宅基地权利中村民的集体所有权难以真正由村民集体行使，往往为传统意义上的行政组织代为行使，而其在行使宅基地所有权时会出现违背村民意愿、损害村民利益的行为。落实宅基地村民集体所有权，可以从制度设置入手，从法律意义上保障宅基地所有权法人这一主体的合法权益，并在实践中还权赋能，将宅基地所有权真正还归村民集体。宅基地资格权的界定在实践中也出现了一定问题，村集体成员的界定及其加入和退出机制都较为模糊。村集体成员确认方式面临传统规范与现代法律的冲突，而各地关于集体成员资格的确认并无统一标准，这使得成员资格确认过程中时有纠纷发生。由于集体成员资格往往会附加各类福利和保障，因而村集体成员即使常年外出务工或定居城市，也不愿意主动退出集体成员资格，退出宅基地资格权，而下乡市民或外来人口又难以加入其中。为缓解这一困境，各地应在法律允许的范围内探索符合自身实际的集体成员资格确认方式并形成规范，以此减少集体成员资格确认中的风险和冲突。应探索宅基地资格权的有偿进入和退出机制，在尊重农民意愿的基础上推进宅基地资格权的有偿退出。宅基地使用权的流转过程中，应注意宅基地对于农民的保障作用，辨别闲置宅基地进行流转。在流转中，部分农民会面临租户单方面违约的问题。为改善这一情况，应建立识别机制和风险防范机制，在确保农民住房保障的基础上允许其出租宅基地的使用权，设置统一交易平台，保障农户和租赁居民双方的合法权益，促进多方主体利益的共同实现。

（五）集体经营性建设用地入市制度

集体经营性建设用地入市，一方面有助于盘活农村优先的可用于生产与发展的土地资源，另一方面则是为下乡人口与资本提供可以承接人口与生产落地的基本用地。农村集体建设用地指农村中用途为建设项目的土地，农村集体经营性建设用地指建设用地中用于兴办乡村（镇）企业等具有生产经营性质的部分，农村集体经营性建设用地入市则指该部分土地以转让、出租、入股等方式在市场中自由流通。

集体经营性建设用地入市长期以来备受关注，相关政策也在陆续出台并经由实践而不断调整。具体而言，相关政策的发展经历了三个阶段。第一阶段为严禁转让阶段。1992年至1999年中，相关部门陆续颁布了关于农村土地管理的部分政策，其中都明确指出村集体所有土地严禁直接流转，除非改变土地所有权性质，将集体所有土地先行征用为国有土地后才能进行流转。第二阶段至2008年，为探索阶段。这一时期开始允许农村集体经营性建设用地在符合规定的范围内依法流转。并且，这一阶段出台了土地"增减挂钩"的政策，进一步盘活了城乡存量建设土地，客观上推动了集体经营性建设用地的流转。第三阶段为逐步放开阶段。这一阶段开始逐步实现集体土地和国有土地在权益、流转价格等方面的统一，并积极探索农村集体经营性建设用地入市的具体方案和农民的权益保障机制。2015年8月27日，全国首宗农村集体经营性建设用地使用权拍卖在湄潭敲响了第一槌，拍卖宗地面积3332平方米，规划用途为商业和服务业，最终以80万元成交。这一事件也标志着2015年初国家部署的33个试点县农村土地制度改革正式拉开序幕。

表4-1 集体经营性建设用地入市政策演进

政策名称及发布时间	相关内容
《国务院关于发展房地产业若干问题的通知》(1992.11)	集体所有土地，必须先行征用转为国有土地后才能出让。农村集体经济组织以集体所有的土地资产作价入股，兴办外商投资企业和内联乡镇企业，须经县级人民政府批准，但集体土地股份不得转让。
《关于加强土地转让管理严禁炒卖土地的通知》(1999.5)	农民住宅不得向城市居民出售，也不得批准城市居民占用农民集体土地建住宅，有关部门不得为违法建造和购买的住宅发放土地使用证和房产证。

续表

政策名称及发布时间	相关内容
《中共中央国务院关于做好农业和农村工作的意见》（2003.1）	通过集体建设用地流转、土地置换、分期缴纳土地出让金等形式，合理解决企业进镇的用地问题，降低企业搬迁的成本。
《关于深化改革严格土地管理的决定》(2004.10)	在符合规划的前提下，村庄、集镇、建制镇中的农民集体所有建设用地的使用权可以依法流转。
《中共中央关于推进农村改革发展若干重大问题的决定》(2008.10)	逐步建立城乡统一的建设用地市场，对依法取得的农村集体经营性建设用地，必须通过统一有形的土地市场、以公开规范的方式转让土地使用权，在符合规划的前提下与国有土地享有平等权益。
《关于促进农业稳定发展农民持续增收推动城乡统筹发展的若干意见》(2009.3)	加快土地确权登记，全面建设与健全严格规范的农村土地制度要求相适应的土地产权制度。规范集体建设用地流转，逐步建立城乡统一的建设用地市场。
《中共中央国务院关于加快发展现代农业进一步增强农村发展活力的若干意见》(2012.12)	严格规范城乡建设用地增减挂钩试点和集体经营性建设用地流转。农村集体非经营性建设用地不得进入市场。
《中共中央关于全面深化改革若干重大问题的决定》（2013.11）	建立城乡统一的建设用地市场，在符合规划和用途管制前提下，允许农村集体经营性建设用地出让、租赁、入股，实行与国有土地同等入市、同权同价。
《关于全面深化农村改革加快推进农业现代化的若干意见》（2014.1） 《关于农村土地征收、集体经营性建设用地入市、宅基地制度改革试点工作的意见》(2015.1)	在符合规划和用途管制的前提下，允许农村集体经营性建设用地出让、租赁、入股，实行与国有土地同等入市、同权同价，加快建立农村集体经营性建设用地产权流转和增值收益分配制度。建立农村集体经营性建设用地入市制度。针对农村集体经营性建设用地权能不完整，不能同等入市、同权同价和交易规则亟待健全等问题，要完善农村集体经营性建设用地产权制度，赋予农村集体经营性建设用地出让、租赁、入股权能；明确农村集体经营性建设用地入市范围和途径；建立健全市场交易规则和服务监管制度。

续表

政策名称及发布时间	相关内容
《中共中央国务院关于建立健全城乡融合发展体制机制和政策体系的意见》(2019.4)	建立集体经营性建设用地入市制度。加快完成农村集体建设用地使用权确权登记颁证。按照国家统一部署，在符合国土空间规划、用途管制和依法取得前提下，允许农村集体经营性建设用地入市，允许就地入市或异地调整入市；允许村集体在农民自愿前提下，依法把有偿收回的闲置宅基地、废弃的集体公益性建设用地转变为集体经营性建设用地入市；推动城中村、城边村、村级工业园等可连片开发区域土地依法合规整治入市；推进集体经营性建设用地使用权和地上建筑物所有权房地一体、分割转让。

（六）资金整合与财政保障机制

目前，涉农资金整合仍是县域内乡村发展的重要资金保障机制，但资金整合如何为城乡融合助力则在实践层面探索不足。涉农资金整合可以用于巩固拓展脱贫攻坚成果与乡村振兴，但同样也可以用于推动承包地、宅基地和集体建设用地改革等，也可以为城乡人口的互动与互嵌提供必要保障，而这些改变需要顶层制度的调整。在财政资金的分配中，资金由条线部门掌控并在实际分配过程中占据较大权力。各部门能够自主决定本部门财政资源去向，而部门间缺乏统筹使得财政资源易出现重复投放或某些领域、项目投放不足的现象，造成财政资金使用效率较低。而分散化的财政资金使得投放到单个项目的资金有限，从而每个项目都由于资金有限而难以达到预期效果。在这一背景下，各地开始探索整合财政资金、提升财政资金分配效率的方案，以此支持重点项目、产业的发展。探索过程中，各级政府应就财政资金的使用与城乡融合发展统筹考虑。以城乡融合发展推动脱贫攻坚成果的巩固，同时也为乡村振兴提供新的方案和思路。

整合财政资金，一是可以选择以部分地区作为试点，探索财政资金整合的具体方案；二是探索以省为单位联席工作试点制度的设立，由分管农业的副省长牵头，吸纳各涉农部门主要负责人，商议并落实财政涉农资金的分配结构及使用方案；三是制定相关制度，规范涉农资金分配方式，从而提高资金使用效率，并且项目申报主体也可通过该类制度明晰申报方式；四是增加财政资金在农业产业方面的投入，增大对涉农产业的支持力度。通过这一系列举措，财政资金得以整合，使用效率得以提升。但也出现了一些新问题，如财政涉农资金规模的增大加大了其管理难度。整合财政资金后，涉农资金整体规模进一步加大，单个项目资金量也随之增加，对资金的去向及具体使用过程的管理难度加大。而资金的整合及再分配会打破旧有的分配格局和利益秩序，有效调动各方主体积极性的方式还有待探索。因此，整合财政资金，不仅在于增加涉农资金规模、整合各部门分散资金，还在于相关配套方案的出台及各部门积极性的调动。

◆ 案例

涉农资金整合的地方实践——重庆

2016年，重庆市人民政府办公厅发布《关于支持贫困区县统筹整合使用财政涉农资金的实施意见》，探索资金使用结构的优化措施。

一是统筹财政资金并将其向贫困地区倾斜。整合市级项目，不断优化转移支付结构，确保试点贫困地区的财政转移总量有增长，促进脱贫攻坚有序进行。

二是改革统筹资金管理方式。中央和市级专项资金依资金、项目、招投标、管理和责任等五个因素采用切块方式下达，试点区县应向市级主管部门报备资金去向，但市级主管部门不得干预其具体用途。

三是激发试点区县合理使用统筹资金的主体性。试点区县需在领会上级脱贫攻坚相关内容和工作的基础上结合本地区实际制定工作计划并向市发展改革委、市扶贫办备案，以合理可行的工作规划引领具体工作内容。加快统筹资金安排进度，提高资金运作效率，并引导社会资本参与到脱贫攻坚中。试点区县在实践中应善于总结先进经验，发掘可复制的统筹资金高效使用机制，为其他地区提供可借鉴的先进经验。

四是构建资金统筹整合的运行机制。市级相关部门方面，应加强对试点区县的指导，做好服务保障和监督问责工作，及时总结提炼先进经验。试点区县方面，在实践中应增强与上级部门间的沟通，及时主动公示统筹整合资金来源、用途和项目进展情况，接受上级相关部门和社会的双重监督。

五是严格资金监管和绩效评价。市级相关部门、试点区县应加强对统筹资金使用情况的监管，贫困村第一书记、驻村工作队及村委会也应积极监管统筹资金去向和用途。支持符合要求的统筹资金使用类型，对统筹资金使用效率较低的部分给出改善建议。探索引入第三方独立监督机构和吸引多元主体参与，构建多元化的监督机制并就督查情况予以奖惩。

为促进《意见》的贯彻落实，重庆市财政局出台了配套文件《重庆市财政局关于建立统筹整合财政涉农资金协同监管机制的通知》，指出了监管目标、重点、运行机制及相关工作要求，旨在以监管带动试点地区改革成效的获取。长期以来，基层政府支持龙头企业和涉农项目时倾向于采用"撒胡椒粉"的方式，致使资源分散，难以起到良好作用。统筹整合资金后，基层针对具体情况重点培育优势项目，在重点产业发展、基础设施建设及公共服务的供给方面起到了重要作用。

2021年，依据已有成绩和现实情况，重庆市财政局提出"完善区域支持政策，推动城乡融合发展"，围绕四大领域展开了探索。

一是深化资源统筹，助力城乡基础设施一体化。针对城区间、城乡间基础设施配备及财力等方面存在较大差距的现实情况，重庆市财政局统筹"资源、资产、资金"，依据权责对等的原则探索转移支付改革，推进地区间财力、基础设施和公共服务等方面的平衡。针对不同地区经济发展水平实行不同的财政分担措施，对于经济条件较好的地区，利用区县新增债券和交通、城建等方面的补助资金支持其基础设施的建设；对于经济条件一般的地区，加大市级财政补贴力度，对于交通等方面的基础设施由市级直接进行投资建设，力求实现城乡基础设施的共建共享、互联互通。

二是注意政策联动，助推产业多元化。重庆市产业布局有明显的空间性特征，各城区产业独立发展，互不关联，在一定程度上造成了重庆市城乡产业失衡的困境。促进城乡产业融合发展，一方面，应集中财政资源助力各城区产业的发展；另一方面，应加强城区间的横向联系，建立产业协作横向转移支付，实现政策联动。

三是优化体制设计，助力公共服务均等化。纵向层级上，重庆市自市区到区县的基本公共服务大致统一，但横向来看，财政供养人员、低保、特困、优抚对象及老龄人口较多，财政资金难以满足基本公共服务均等化。因此，重庆市提出具体措施解决这一困境。首先，在财政收入的划分方面，实行差异化的财政收入划分机制。市级参与主体税收分成比例与区县经济发展水平成正相关，不参与"两群"等发展水平较低区县所有地方级收入的分成。其次，在财政支出责任的划分方面，实行差异化的责任划分机制。市级对于部分基本公共服务领域的分担比例与区县经济发展水平成负相关。再次，在转移支付方面，不同时期强调不同转移支付机制。前期进行类别划分，中期突出财政转移支付激励性作用，后期用于托底保障，严格防控相关风险。最后，在乡镇层级财政运行保障方面，实行预算机制或将收入分层与托底保障相结合，确保乡镇财政系统的正常运行和乡镇社会事业的发展。

四是发挥财政支出杠杆效应，助力生态保护协同化。重庆市近年来虽不断加大生态方面的投入，但在长江经济发展带中的示范作用还有待进一步加强，经济发达区县的生态项目与资源尚待进一步匹配和平衡，经济发展水平较低区县的生态优势尚待进一步转化为现实价值。针对这一现实情况，重庆市采取了两个方面的具体措施。一方面，经济较发达区县应加大对生态保护力度、转移支付和债券资金倾斜的力度，促进生态项目朝更深、更广的方向发展；另一方面，经济发展水平较低区县应保证生态环境不受破坏，将转移支付与生态环保指标相结合并设立奖惩挂钩机制。横向层面，探索建立城乡多元补偿体系，形成城乡生态保护联动机制，由此实现城乡生态效益共享、生态责任共担的统筹机制，有效改善生态环境并提升生态环境收益。

重庆市结合地区二元结构突出的实际情况，长期坚持贯彻落实城乡统筹机制，并在实践中不断调整方针政策，较好地发挥了财政在统筹城乡基础设施建设、产业发展、公共服务供给和生态环境保护等方面的作用，逐步构建起城乡融合发展的新格局。

（七）乡村金融服务的完善机制

随着农业现代化的推进及农村地区的发展，农村金融的多样化需求日益增多，但现有的乡村金融服务体系却难以满足乡村金融供给主体和需求主体的多元需求。一是农村现有金融体系尚待完善。农村金融机构现有股权结构不利于占股较多但股份分散农民群体利益的维护，农民在金融资金管理和支配中的作用有待加强。二是金融机构的服务能力有待提升。在金融服务的供给主体方面，金融机构仍以市场化盈利为主，由于涉农产业的不确定性较大、与农民交易成本较高等原因，农村金融机构向农村、涉农产业倾斜的力度较小，没有做到真正为农村服务。三是乡村金融体系化解风险的能力较弱。涉农产业不仅要承担市场风险，还要面临自然风险，不确定性较大，农村金融机构投资涉农产业本身需要承受较大的风险。而农村信用体系的建设尚待完善，金融服务需求主体的失信成本较低，这进一步加大了农村金融机构服务农村、农民的风险；同时，针对乡村产业发展的金融服务也没能建立完整的政策性风险化解机制。农村金融机构的相关服务主要体现为政策导向下的服务，其市场化机制与导向作用体现不足，推动金融服务促进城乡融合的功能实现，需要更多地让金融产品主动为乡村发展提供资金支持，也让金融机构在服务乡村的过程中实现更繁荣的发展。

较好发挥农村金融在乡村振兴中的作用，需建立健全农村金融服务体系，改善农业融资环境。鼓励县域银行机构支持农业、农村发展，创新开发多类农业金融产品，探索农业金融机构考核方式的创新，以政策引导农村金融机构贷款向"三农"倾斜，促进本地"三农"事业的发展。信贷担保方面，适当降低涉农资金担保门槛，在规定允许的范围内以村集体、农户个人的相关权利作为担保，解决农户贷款担保不足的问题。各地区可根据本区实际情况探索本地担保体系的完善，出台相关政策逐步引导社会力量参与涉农资金的担保之中。开发农业产业特色保险项目，吸引多方主体参与其中，在分享农业发展收益的基础上共同分担农业生产经营风险，发挥市场机制在促进农村、农业发展中的作用。在鼓励农村金融服务体系发展建设的同时，逐步完善金融风险防范处置机制，有效应对农业金融突发风险。为了降低金融服务机构的不可控风险，可通过财政资金建立金融机构的风险保障与救济机制，以降低金融机构服务乡村产业的后顾之忧。

（八）工商资本下乡的优化促进机制

工商资本下乡要获得自身的既定目标并非易事，其前提与基础乃是对农业与农民利益的保障，在自身利益目标与乡村发展目标间实现基本均衡。吸引工商资本下乡，首先应创设良好经商环境。推动基层社会形成遵守法律法规、公平参与市场竞争的良好氛围，吸引工商资本为促进城乡融合提供自身优势资源支持。其次应完善相关政策。降低下乡资本融资贷款门槛，给予一定的资金支持和政策优惠。再次，探索引进专业化公司和人员参与村集体经济的运营，促进村集体经济收益的持续增长，推动政府、企业、农民等多方主体共赢。最后，改进监管技术，提升监管水平。在吸引资本下乡的同时应注重土地按用途使用，严格监管耕地不得改变其具体用途，切实维护国家粮食安全、保障村民合法权益。

建立关于下乡工商资本项目库与资金库的筛选与监管机制，对于发展前景好、论证充分、与农民利益联结机制良好的工商资本，要鼓励其以多种方式从事农业或涉农产业的发展，同时注重对农民的利益保护。

对于进城务工农民来说，或农忙时节返乡种地发挥土地生产功能，或通过流转土地发挥其财产功能，或作为一种风险防控手段用以保障农民进城失败或年老返乡后能够重新回归农业生产。但在多地鼓励农户退出农地并吸引资本下乡的实践中，存在单一化处理倾向，在农民进入城市的各项权益没有得到保障前打破土地对于进城农民最后的保障功能无疑具有一定的风险。因此，土地承包经营权的有偿退出应与农民长效化的收益、常态化的社会保障机制相结合。

推动工商资本下乡，是我国立足于现实情况，旨在以下乡资本带动"三农"发展、实现乡村振兴的一大创新，但资本下乡的方式还需各地依实际情况进行探索，推动工商资本和村集体、村民的双赢。工商资本倾向于规模化、集约化生产，在规模流转农地时易损害小农户利益，也会打破村庄原有社会关系，因此在工商资本下乡的过程中一定要注重在下乡资本与农民之间建立友好的利益联结机制，要确保工商资本不损害农民的正当权益。在城乡社会保障机制不平衡及进城农民难以得到全面保障的现实情况下，市民下乡是促进农村发展的探索之一，而真正发挥下乡资本在促进农村发展、增加农民收益中的作用，各地还需在重视小农户在农业发展和乡村振兴中作用的基础上积极探索适应当地情况的方案。工商资本下乡，不仅需要与农户、农村建立多元化的利益联结机制，同时也需要统筹考虑其自身的产业发展前景和利益空间，实现两者的均衡才是可持续的一种方式。还有另外一点需要注意，那就是要注重乡村人才的培养，尤其是适应下乡资本需要的人才培养。这些人才不能再局限于传统的种养业，而是应该拓展到财务人才、管理运营人才、营销人才等多方面。

（九）科技成果的下乡转化与收益分配机制

提到科技成果下乡，我们更多想到的是来自城市的科技成果进入乡村，进入农业，而事实上，乡村的独特种质资源、乡土科技知识与文化知识、乡村教育知识等也应该更多地进入城市，从而实现科技成果意义上的城乡互动与互嵌。推动科技成果下乡，探索社会资本和高校资源加入科技成果的下乡转化中，建立健全涉农技术创新导向机制和产学研一体化机制，力求将相关人才及科技成果真正运用到农村、农业之中。一般意义上，当强调科技成果的下乡转化时，多数情况下能够想到的是农业产业科技成果，而这样的普遍性认知符合当前农村产业形态及其全国产业发展的空间分布，但如果仅在狭义的范围内进行科技成果的转化，会使得科技成果转化本身受到极大限制。一些前沿的科技成果转化同样可以布局在乡村，如天眼工程、大数据服务产业等，能够吸引这样的成果转化，核心在于乡村是否对于该类产业具有足够吸引力，其是否配置了系统、完善的相关基础设施或是辅助性产业。

以2020年6月福建出台的《关于进一步促进高校和省属科研院所创新发展政策贯彻落实的七条措施》为例，其中明确指出技术的开发、咨询、服务等内容都为科技成果转化的重要形式，取得的相关收益均为科技成果转化收入，可留归本单位自主决定用途。这一政策的出台旨在进一步完善科技成果转化相关办法，将科技成果收益向研发单位倾斜，从而激发科研人员的积极性。

科技成果下乡转化的过程中，应建立健全农业科研成果产权制度，保护科研人员的自主研发成果，以多种方式将科研成果的应用及收益分享转化为对科研人员的激励机制。在制定奖励机制和保障机制时，应充分听取下乡创业人员或兼职人员意见。发挥政府在政策制定方面的引导和推动作用，允许科研人员、事业单位人员在保留原职位、编制的同时在涉农企业兼职或下乡创业，并为这部分人员建立相应的保障机制。科技成果转化收入全部留归本单位，单位可在奖励科研人员部分资金的基础上将剩余资金继续用于技术的研发之中。推行至今已经超过20年的科技特派员制度也是一种典型的科技成果转化和下乡的活动，相关统计显示，截至2019年底，科技特派员已领办创办1.15万家企业或合作社，平均每年转化示范2.62万项先进适用技术，为科技兴农富农做出了突出贡献，科技成果转化也为推动农业农村发展提供了新动能。

以西北农林科技大学校地合作为例，说明科技成果下乡转化方式。学校在长期探索中形成了"三团一队"的扶贫模式，"三团"分别为书记帮镇助力团、专家教授助力团和研究生助力团，"一队"为合阳县优秀人才先锋服务队。设置书记帮镇助力团，一方面在于积极响应国家号召，参与到扶贫之中；另一方面在于以助力合阳县脱贫攻坚为契机加强学校基层党组织的建设。党建引领扶贫工作，首先要做好学校自身的党建工作，其次应引导、帮扶合阳县基层党组织进行党建工作。双方党建工作的交流能够在促进双方优势互补的同时强化党对扶贫工作的领导，有力推动合阳县各项工作的扎实开展。借助学校在农业方面的优势，组建了专家教授助力团，借助他们的专业知识实现对合阳县的产业帮扶。专家教授助力团的设置，首先，可以促进科技成果在合阳县的转化，促进合阳县农业科技水平的提升。其次，专家教授的农业技术知识可以通过开办讲座、田间授课等方式传授给农民，也可对农民在耕作中的具体问题，农作物在不同环境、天气条件等不同因素下的具体情况进行指导，真正使农民受益。再次，人文社科类专家教授在专项调查、了解农民需求及对接地方政府方面能够起到重要作用。专家教授的走访调研一方面可以为学校其他部门的扶贫工作提供一手资料，另一方面可为合阳县政策制定和实践优化提供专业帮扶。最后，专家教授不仅要解决农业技术、社会治理等方面的问题，还需在优化当地农业技术、社会政策的基础上主动寻求资源并帮助地方拓展销售市场。研究生助力团的设置在锻炼研究生专业素质的同时为合阳县的脱贫攻坚注入了新鲜力量、储备了后备人才。发挥助力团作用，一方面是研究生助力团的团队建设。在挂职过程中，助力团多次召开集体会议、举办集体活动，从而增强团队凝聚力，发挥团队力量。另一方面是研究生个人挂职科技副镇长的作用发挥。他们将知识与社会相结合、将个人与农民相结合、将自我理想与服务社会相结合，积极转换角色，融入当地扶贫工作之中，在合阳县的脱贫攻坚中发挥着重要作用。

农业技术推广，不应仅是公益性的，应逐渐探索给予农技人员合理范畴内的报酬以调动相关人员的工作积极性。公益性农技推广，主要由国家的涉农机构和部门完成，而与此同时，应允许国家公职人员参与企业化、社会性农技推广机构的服务工作，这些服务可以按照市场的规则取得相应的报酬。同时，在大力发展农业社会化服务体系的背景下，地方政府可以采取税收减免等方式鼓励各类经营性农技推广机构和企业的发展。

二、城乡基本公共服务普惠共享的政策机制

（一）城乡教育资源均衡配置的政策机制

城乡教育资源的均衡配置，一方面需要强化对乡村教育资源的投入，另一方面需要根据人口流动趋势，让更多的乡村人口可以享受城镇教育资源。发展农村教育事业，一是要提升乡村教师的待遇，同时在教师职称评定和评优评先的工作中对乡村教师群体进行倾斜；二是要全面破除乡村学生到城镇就读的政策障碍，为学生在县域范围内的流动创造条件；三是要注重对乡村中小学，尤其是区域性中心小学和乡镇中心小学的软硬件建设力度，加强教育专项财政资金投入，改善教学、校园等环境；四是要在对乡村的优质教师和优质生源采取激励机制的基础上，引导其在乡村教学机构中教与学。

探索省级政府统筹规划乡村教育工作，建立稳定的乡村教师输送机制，设置专项计划引进师范类高校优秀毕业生，引导师范类高校毕业生投身农村教育事业。将教育资源向农村倾斜，为农村教师提供各类保障，适当提高农村教师基本工资，帮助教师解决后顾之忧。加大农村学校基础设施投入，在校园建

设、多媒体设施的配备方面给予支持。创造机会增加城乡间师资交流，探索县域范围内城乡间校长、教师交流轮岗机制，促进学校间资源流通和共享。多渠道、多方式增加农村学前教育资源，推动城乡义务教育校舍标准化建设。

对于有条件的地方，可以尝试探索并实行城乡教师的交叉轮岗制度，通过城乡教师的交叉融合教学工作，让乡村学校可以享受优质的师资，而乡村学校的教师通过到名校跟岗学习或是开展教学工作也能够提升自身的教育教学能力。另外，还可以尝试做好区域内的城乡学校联合体建设，比如河南洛阳伊川县就开展了良好的强校带弱校的教育联合体建设工作，城乡优质资源的配置问题得到了较好解决。

（二）健全乡村医疗卫生服务体系的政策机制

与教育资源的配置类似，未来随着城镇化的进一步推进，乡村人口仍将减少，及时研判面向未来的城乡医疗卫生服务体系迫在眉睫，城乡医疗联合体建设以及远程医疗等都将是可以探索的方向。建立健全农村医疗服务相关政策体系，鼓励医学生、医生投身农村医疗事业，改善乡村医生待遇，提高乡村医生队伍整体能力，缩小城乡医疗卫生水平差距。实行乡村医生人才专项计划，对于考取该计划并到乡村地区进行固定周期服务的本专科毕业生，可以进行学费减免，同时给予一定的生活补贴。对乡村卫生室现有村医进行培训促进其专业能力的提升，依托优质医疗资源或是医科类高等院校，对在职医生及其涉及业务进行重点培训，在学习与进修期间，给予其基本的生活补贴。

完善农村医疗卫生服务体系，改善农村医疗环境，在提升乡村医疗卫生软件水平的同时加强其硬件设施建设。建立健全医疗废物收集转运体系，提高突发、重大事件应急能力，提升精神卫生工作水平，在政策允许的范围内优生优育。对村卫生室进行标准化建设，考虑村庄的地理位置，在几个村庄中间选择中心村进行中心村卫生室建设以减少资源的浪费，提升资源利用率。建立健全城乡融合的网络化服务机制，鼓励不同层级医疗机构间进行沟通交流，建立县域内医疗机构共同体，支持城乡医疗机构间增强联系。通过医保分级报销方式对需要医疗资源人群进行分类。此外，可通过加强农村健身设施建设，在较早环节上提前促进城乡医疗卫生服务体系的融合。

各区、县（市）根据相关政策合理配备农村医疗机构基本设施，确定农村卫生机构数量、人员数量、规模等，在政府部门投入医疗资源的基础上吸引社会资本加入。优化农村医疗人才结构，加强对农村医疗人员的培训和再教育，促进农村医疗人员整体水平的提升。鼓励不同层级医疗机构间进行交流沟通，可探索通过挂职、轮岗等机制推动上级医疗机构医务人员的下沉和下级医疗机构医务人员的能力提升。吸引优秀人才加入农村医疗卫生队伍，提高农村医疗卫生人员待遇，建立健全相关保障机制，使乡村能留得住人才。探索校地合作模式，引导医学类高校高年级优秀学生在村实习。设立医疗人才引进专项资金，吸引医学类优秀毕业生投身乡村医疗工作。设置医疗人才引进相关政策，对于特殊人才可放宽部分硬性条件限制，鼓励高校毕业生、医学类高校教师、上级医疗单位医护人员驻村工作，探索多样化医疗人才引进机制。

加强农村地区高标准科室、特色科室的建立，在健全农村医疗机构科室的基础上突出优势科室的建设，促进其医疗功能的最大化发挥，以此缓解部分上级医疗机构就诊压力。启动基层卫生人员实训基地建设，省市协同完成师资选拔、基地教学和成效验收等工作。分年度研究制定实训基地推进计划，促进区域资源共享。基层医疗机构进行布局时，应确保合理布局，考虑村民、村庄实际情况，确保医疗机构辐射到规定范围内的人群；硬件设施建设方面，首先应加强业务用房建设，其次，加强基本医疗卫生机构设施配备以满足基本疾病医治需求，最后应完善财政长效投入机制。

（三）健全城乡公共文化服务体系的政策机制

健全城乡公共文化服务体系，不仅需要广大文化工作者加大对乡村文化产品和服务的供给和输入，同时也需要充分挖掘和培养乡村优秀文化资源和节目，让更多的乡村文化资源走进城市，在城乡文化互动中建立城乡各自的文化自信，并最终形成一体化的中国特色社会主义优秀文化服务机制。健全城乡公共文化服务体系，应从公共文化服务供给、管理、保障三个方面的政策机制加以考量。城乡公共文化服务供给机制可分为供给主体、方式和内容三个方面。改变由政府单一供给的局面，发挥市场在公共服务供给中的作用，号召志愿者群体及城乡居民参与，实现多元主体积极参与的良好氛围。创新供给方式，发挥政府主导作用，调动非资本化资源，适应基层对于公共服务的多样需求，实现公共服务供给机制的可持续性。供给内容方面，关注城乡教育资源、医疗资源的均衡发展，统筹规划城乡基础设施建设，满足城乡居民文化需求。

构建城乡公共文化服务管理体系包括监管和绩效评估两个方面。对政府人员知识能力和专业化水平进行监管，督促政府工作人员相关工作的落实，对公共文化服务供给相关财政支出进行监管。加强对外包机构的监管，促使外包机构按合同要求供给公共文化服务内容。合理设置评分标准，以评分标准引导公共文化服务体系的设置内容和方向。在公共文化服务体系的评估中，既要注重客观评价标准，又要注重全过程及应用效果的评估，真正以评估促建设。

城乡公共文化服务保障制度包括财政保障、人才保障和法律保障等内容。加强财政保障，推动政府财政资金向公共文化服务倾斜，重视公共文化相关支出。整合部门资金，长期投资重点公共文化项目而非将财政资金碎片化使用，提高财政资金在公共文化方面的使用效率。此外，政府应设立优惠政策，逐步引导社会资本参与到公共文化建设之中，营造社会全体成员积极参与公共文化建设的良好氛围。鼓励高校毕业生、农村非遗传承人、乡土人才、民间艺人推广乡土文化、传统文化及现代文明，提高基层公共文化服务人员的薪酬待遇和社会认可度，形成乐于投身公共文化服务事业的良好社会氛围。建立健全相关法律体系，保障公共文化服务人员知识产权及相关权益，提高公共文化服务领域法治化水平。

（四）完善城乡统一的社会保障制度

完善城乡社会保障制度，其核心是要缩小城乡社会保障制度的差异和差距。城乡统筹视角下，城乡社会保障标准存在一定差异。首先，城乡社会保障的筹资方式存在差异。以社会保险为例，城市居民社会保险为居民本人、所在单位和国家三方筹资，其中城市居民所在单位负担了很大一部分资金，农村居民的社会保险为本人及集体两方筹资且以个人出资为主，而农村居民的整体收入水平较城市居民收入水平低，因而农村社会保险在筹资方面就存在一定困难。其次，城乡社会保障覆盖面不同。以养老保险为例，由于养老保险的覆盖面在不断扩大，城市毕业生从进入单位开始就缴纳养老保险，因而城市中多数人都能享受到养老保险。而农村居民由于务农或务工时制度体系不健全而导致用人单位没有为其缴纳养老保险等因素，农村中养老保险的覆盖面有限。最后，城乡社会保障项目内容存在差异。城市中社会保障制度体系相对完善，形成了用人单位、个人和国家三重主体以及养老、医疗、生育等较为完善的社会保障体系。而农村则由于多种因素，社会保障内容较少且覆盖面有限。

统筹城乡社会保障制度，需将相关优惠政策向农村倾斜，由此农村地区的社会保障才有可能与城市地区持平。统筹城乡医保报销制度，提高农村地区养老金金额，建立健全进城务工农民工伤保险和失业保险等机制。在统筹城乡社会保障制度的同时，注重制度在实际落实过程中的公平问题。在城乡医疗资源差异较大的情况下，城乡统一社会保险有可能造成农村地区社会保险的相对劣势，这需要政策的进一步调整和关注，比如同等情况下，进一步提升农村地区医疗保险报销比例，加大对优质医疗资源的建设，加强对乡村地区优质药品的供给。

（五）统筹城乡社会救助体系

城乡社会救助的统筹，其主要目标是差距的缩小以及支持政策的均衡。社会救助指当个人生活因突发事件陷入生存困境时国家予以一定的财政资金支持以维持其基本生活状况，包括常规性救助、专项分类救助和临时应急救助三种类型的救助。目前我国的城乡救助水平仍存在差距，农村居民整体收入水平较城市地区低，而救助水平也较城市地区低，这加剧了城乡间差距。因而，统筹城乡救助体系，提升农村地区社会救助水平，有其特定背景和重要性。随着我国经济社会的发展，国家经济实力的逐渐增强，形成了一定的经济基础和保障能力。与此同时，农村居民对社会救助的期待也日益增加。统筹城乡社会救助体系，是民众所需，也是社会发展所需。

统筹城乡社会救助体系可通过信息化平台与政务大数据实现多部门数据的衔接与共享，及时将出现临时性重大困难的人民群众纳入社会救助范畴。统筹城乡低保制度，依据规定动态调整应保人员，提高农村地区最低生活保障水平，推进城乡最低生活保障标准一体化。目前城乡生活成本存在一定差异，但城市低保的保障水平明显高于农村低保水平，两者间差距需进一步缩小。多维度关注城乡困难人员，增强困难人员识别能力和服务供给能力，解决特困人员基本物质需求并通过引入社会工作人员满足其心理需求和更多的发展性需求。完善农村医疗保险制度，根据地方实际拓宽疾病报销范围，提高大病保险的覆盖面和保障水平，同时在多元筹资的基础上，为部分重点人群提供商业补充性疾病保险。关注农村留守老人、妇女和儿童，逐步建立乡村托幼养老中心，建立乡村妇女之家，通过社工专业人才的入驻，为老人、妇女和儿童提供必要的社会支持与关怀。健全困境儿童保障工作体系，提升残疾人福利水平，扩大困境儿童帮扶范围，为事实上的困境儿童提供更多帮助，促进其全面发展的实现。

（六）建立健全乡村治理机制

健全乡村治理机制，一方面要充分发挥乡村已有治理资源、治理主体和治理机制的作用，另一方面，要注重将城市治理中的有效经验、做法和科技成果等应用于乡村治理。实现乡村治理有效，通过多种方式调动多元主体参与社会治理的积极性，推进社会治理共同体建设。注重农村基层党组织领导作用的发挥，以党建工作带动各项工作的高质量完成。实行一肩挑机制，鼓励村支书在程序合法的前提下兼任村主任，更好地实现基层党组织对村庄各项工作的领导。创新治理方式，激发村民参与乡村治理的积极性，发挥村民主体性作用。推动数字下乡，探索公共智慧平台的构建，打造乡村便民服务体系。

提升乡村治理效能，首先，应加强农村基层党组织建设，包括组织本身的建设和组织中人员结构的优化。当前部分农村由于人口大量外流而导致农村空心化现象严重，基层党组织涣散、领导能力下降、党员年龄偏大等问题大量存在。加强组织建设，应加强对基层党组织和党员个人的考核并给出具体的奖惩措施以调动组织和个人的积极性，由此推动组织振兴。改进领导班子结构，促使领导班子内部优势互补，形成较强凝聚力，筑牢坚强堡垒。在新党员的发展和培养中，注重选拔年轻干部，推动农村党员年龄结构的优化。其次，应注重现有党员队伍的建设，严格落实党员"三会一课"等基本制度，加强对党员的教育，促进党员理论水平、思想觉悟的提升。调动党员参与社会治理和乡村公共服务供给的积极性，严格党员管理，探索制度创新，促进党员先锋模范作用的发挥。最后，注重后备力量的建设。在村庄日常工作中选拔、锻炼、培养人才，吸纳新鲜力量加入乡村振兴事业之中。

注重村民主体作用的发挥，调动村民参与乡村治理积极性。首先，应建立健全自上而下和自下而上的双向沟通渠道，为村民参与社会治理提供空间。完善公示机制，及时准确公示并存档村内与村民相关的事项或依据规定需要公示的内容，保障村民的知情权和监督权。创新工作机制，充分听取村民意见并切实保证村民利益不受损害。其次，应广泛宣传动员，带动村民参与乡村治理重大事项和公共事务。在日常活动中增强村民凝聚力，促进村民公私观念的转变，以观念的转变带动村民行为的改变。再次，用好积分制管理机制，对于需要农户参与的各项公益性或是公共性工作，可以通过积分制方法对农户参与情况进行积分，积分对应相应的村庄公共资源、利益的奖惩，以此调动农户参与乡村治理的积极性和主动性。最后，创新乡村社会治理机制，探索村民参与乡村社会治理的激励机制，逐步引导村民自觉、自愿参与到乡村治理中，推动形成多元主体积极参与乡村治理的良好氛围。

三、建立健全城乡基础设施一体化发展的政策机制

（一）建立城乡基础设施一体化规划机制

未来的城乡规划，应着力于实现城乡融合的发展目标，打破城乡的制度性区分。长期以来农村整体基础设施建设情况落后于城市，其战略规划缺乏科学性和长远性。战略规划的不完善会导致基础设施的建设多停留在被动建设层面，缺乏对村民实际需求和长远效用的考量。在规划和建设过程中，资源会倾向于优先满足工业需求以吸引资本下乡，其次才会考虑农业需求和村民需求，而农村工业发展较城市而言又较为落后，这会造成农村基础设施匮乏和大量闲置资源并存的现象。且农村资源的匮乏使得农村基础设施难以短时间内配备齐全，因而更需要加强城乡基础设施建设过程中的统筹规划。

做好城乡基础设施规划工作才能更好地统筹城乡基础设施建设，因而在实际工作中应重视规划工作。一方面，可以在理念上寻求创新，另一方面，可以制定完善的规划体系。如成都市在进行城乡基础设施统筹规划时兼顾了整体与部分的统筹、公平和效率的平衡，制定长远规划，旨在通过对基础设施的多样化规划满足城乡居民的多元化需求。此外，成都市设置了完善的基础设施建设

规划体系，其中包含交通、水务体系、市政设施和信息化基础设施建设等四个方面的规划，并根据本市实际情况，设置了系列地方性技术文件用以指导本市基础设施的统筹规划。

具体内容方面，应推动城乡基础设施的一体化规划，以一体化基础设施的设置推动城乡间联系的加强。合理设计城乡交通，修建城乡间、村庄间及村庄内部交通道路并做好道路养护管理和安全保障工作，增加城乡间以及村庄间的联系。推进城际公交的开设和城乡客运一体化，增强城乡间交流。统筹城乡污染物收运处理体系，防止城市污染物污染农村，保持并改善乡村生态环境，合理处置城乡污水，减少污水对水源、土地的污染。统筹规划城乡数字化建设，加强城乡公共监控视频的规划和应用，提升安全保障，但同时需注意信息的安全性。

（二）健全城乡基础设施一体化建设机制

城乡基础设施一体化建设，首先需要建设者与规划者在认识层面打破城乡分割的传统认识，建立城市建设顾及乡村、乡村建设考虑城市的新格局。城乡基础设施一体化建设，应重点关注农村地区基础设施建设，关注农业配套基础设施及农业人口日常生产、生活配套设施。首先，拓宽筹资渠道。在基础设施建设相关的资金投入中，各部门应向农村倾斜，加大对农村地区的投资力度和农村基础设施建设的投入比重。优化农村基础设施建设结构，提高基础设施配置效率和使用效益，间接节省资源投入总量。利用多种方式吸引社会资本进入，在部分让利的同时促进农村地区基础设施建设资金来源渠道的多样化。其次，农村地区由于经济状况及产业发展与城市地区区别较大，因而其所需基础设施与城市地区存在差异，在基础设施建设的过程中可以根据本地区实际情况，考察村民生产、生活实际需求及下乡资本产业发展情况配套相应设施，以有限的资金对接村民需求，最大化满足村民生活及产业发展的要求。最后，合理布局基础设施并有针对性、有重点地进行建设。农村基础设施的建设难以在短期内完全满足村民需求或与城市基础设施建设水平相当，因而应选择村民及村庄最迫切的需求予以满足，如完善农村地区交通、通信及网络、农田水利、能源设施、农科教基础设施等内容。

具体措施方面，可探索建立分级分类投入机制，对于交通道路、路灯、公交等公益性强经济效益较小或成本回收时间长的设施，应以政府投入为主；对于有一定经济效益或成本回收时间较短的设施，应设置优惠政策以吸引社会力量参与其中；对于预期经济效益较好的公共基础设施，可完全由社会力量参与其中并自负盈亏。在基础设施的建设中，推动形成以政府投入为主并引导社会力量积极参与的良好局面，共同促进公共基础设施的完善和其使用效率的提升。

（三）建立城乡基础设施一体化管护机制

城市基础设施管护有专门机构，也有专门资金来源，而乡村则缺乏这些，一体化的城乡基础设施管护需要破解这些现实难题。目前农村地区的基础设施建设较为薄弱，而对于基础设施后期的长效管护则更为有限。这导致农村地区基础设施多处于闲置状态，利用率低，老化程度较高且破损严重，使用年限较短，可持续使用率低。在城乡基础设施的建设及管护中，社会资本的参与度目前还极为有限，尤其是在农村基础设施的建设及管护中。农村地区基础设施的建设及管护主要依靠政府财政拨款，筹资渠道单一，资金有限，且缺乏专门聘请的管护人员。农村地区居民居住较为分散，且村民管护意识的不足导致基础设施因缺乏维护而使用寿命较短。因而农村地区基础设施有待完善不仅是由于其建设方面的投入有限，在管护方面也需采取相关有效措施。

完善城乡基础设施管护机制，在强调政府作用的同时也应强调社会资本的作用。对于涉及扶贫资产的地区，要按照不同性质和不同类型的扶贫资产形成差异化针对性的资产设施管护机制。探索市场化改革，引入竞争机制，调动社会各类主体积极参与其中。按产权归属落实城乡公共基础设施管护责任，因地制宜确定管护方案，促进基础设施的长效运行。当前多数村庄仍有一定数量的公益岗位就业者，这些就业者就可以很好地承担基础设施管护任务。另外，针对特定类型的基础设施，还可以尝试使用市场化的管护机制。

四、建立健全乡村经济多元化发展的政策机制

（一）完善农业支持保护制度

农业支持保护，一方面需要国家的关注，另一方面需要广大市民的关心和支持。深化农业供给侧结构性改革，提高农产品质量，减少低端供给，提高农产品的市场竞争力和农业经济效益。贯彻落实永久基本农田特殊保护制度，牢守耕地红线，加强基本农田高标准建设并设置保护机制。构建农业补贴政策体系，在保证农产品质量的基础上提高农产品附加值，增加农产品经济效益，促进农业发展。发展新型农业经营主体，创新农地经营模式，在促进农业规模化、产业化、集约化发展的基础上带动小农户经济效益的提升。加大对于农业机械化的支持力度，提升农业机械化水平，推动小农户与现代化农业生产的对接。建立健全农业绿色发展制度，针对农业生产的各个环节研发不同技术，实行农地轮作休耕制度，推动农业绿色、高效发展。

完善财政支农政策。首先，公共财政应向"三农"倾斜，稳步增加"三农"支出，推动财政支出精准、高效支持"三农"发展。其次，拓宽涉农资金来源渠道，发挥相关政策及财政资金的引导作用，鼓励社会资本投入"三农"事业并为其提供贴息、税费减免等政策优惠，鼓励农村金融机构创新担保机制、降低贷款门槛、改革考核机制，共同促进"三农"发展。

构建农业补贴政策体系。加大农业补贴力度，集中财政资源、社会资源向农业倾斜，加大涉农资金投入总量，积极总结试点地区农业补贴政策的可推广经验，促进农业补贴政策的完善。优化补贴结构，财政资金在支持规模经营主体发展的同时应注重对小农户、家庭农场等经营主体的支持，加大对粮食流通环节的补助，间接补贴农业的同时提升种粮直补、良种补贴和农机购置补贴的比例，真正促进农民增加收益。改善补贴方式，针对农业产前、产中和产后具体问题及不同地区具体情况进行精准补贴，提高财政支农效率。拓宽补贴范围，不能将补贴局限于农业生产相关环节，建立健全自然灾害保险、市场风险防范、技术指导等制度。

建立健全补偿机制。对粮食主产区进行补贴，帮助改善其农用基础设施建设，改进生产设备，鼓励其运用科技手段进一步增加粮食产量，提高经济收益。在粮食主产区生产粮食的同时，也可以通过以奖代补或政策优惠等方式鼓励其在其他地区试验相关品种，投资建设产粮基地，以此形成辐射作用，带动周边涉农产业的发展。建立健全生态补偿机制。对因生态建设而移民的农民，加大补贴力度，并为其搬迁后所在地区配备基本生活设施，考虑其日常需求。加大对于生态环境保护方面的财政资金投入力度，在促进农业、农村发展的同时不能对农村环境造成不可逆的伤害。统筹规划横向间流域生态补偿机制，明确各方权责，统一流域内补偿机制。提高对资源输出地的补偿力度，利用政府财政支出和政策引导产业绿色、健康发展。建立资源输入地和资源输出地间的多元利益补偿机制，通过共建园区、产业合作等方式助力资源输出地区发展集约型和可持续发展型产业。

完善农田水利建设管护机制。设置相关制度规定管护主体及其具体责任，明确基础设施管护所属部门职责。由管护主体展开相关工作，负责农田水利设施管护的组织、协调、管理和监督，牵头制定管护制度和细则，探索农田水利设施作用的长效发挥机制。逐步推进产权制度改革，引入社会资本和竞争机制对其进行管理。管护经费方面，加强条线间及条块组织间的合作，统筹规划并落实管护经费。拓展经费来源渠道，争取各级政府及不同政府部门资金投入，在项目经费中按比例计提部分管护费用，结合社会资本投入部分资金，在与村民商议的前提下通过土地出让计提农田水利经费、村集体经费及向村民筹资等方式增加经费总额，以此解决经费不足的问题。管护内容方面，实施高标准农田建设规划并健全维护机制，探索小型水利等基本农用设施的建设和管护机制，完善大型基础设施建设的征地补偿工作并为失地农民提供工作机会。做好管护工作，增加公共基础设施使用年限，提高其使用效率和利用水平，促进农村地区公共基础设施水平的提升。

（二）建立新产业新业态培育机制与产业转移机制

新产业新业态的培育与产业转移，需要打破固有的城乡各自应该发展何种产业的传统认识，让城乡均可以突破原有的产业范畴发展新产业，同时对于城乡均可发展的产业，或是城市不适宜发展的产业则要鼓励其向乡村转移。新产业指现代化因素的加入尤其是科技因素在产业中应用，从而形成的新的规模化的产业，其中既包含原有产业的转型升级，如农业产业的规模化、集约化发展，也包括产业链的延伸，提高产品附加值。农业业态指农业产业所呈现出的以营利为目的的各种形态的产品、服务、经营方式等内容。农业新业态指较旧有农业业态有所突破和发展，并能够形成长期、稳定利润增长点的产业新样态。农业新业态包括农业元素与服务业的结合、农业元素与科技元素的结合、子产业间内部的融合等模式，其特点在于较原有农业业态附加值高、可持续发展性强、带动效应好等方面。2022年中央一号文件提出要将中心镇打造为中小微企业聚集区，在重点村发展乡村作坊、家庭工场等，这都是对乡村新产业新业态发展的导向性建议。新模式指为迎合市场需求，创新商业经营模式，如商业经营中加入互联网的因素、将硬件设施融入服务中、提供多功能服务等内容。新模式也包括多种利益联结方式，如通过股份合作或订单农业的方式联结多方参与主体，形成各主体共享发展成果的良好氛围。

具体做法方面，应建立新业态培育机制，以科技发展带动农业发展。对于网络经济业态，知识生产类、软件服务类、大数据等产业，要引导其向乡村地区布局，以实现乡村产业业态的创新与突破。打造现代农业园区，发挥园区载体作用，介入农业生产的各个环节，延长产业链条，提高农产品附加值，依靠"互联网+""双创"平台和政府财政、政策引导乡村第三产业的发展，探索农村旅游业多元发展，农家乐经济、民宿产业、水果采摘等新业态发展模式。发展会展农业、众筹、订单农业等多类型新业态模式，提高支持力度。适应消费需求变化，使农产品与现代居民生活需求相适应。制定相关准入条例、加强事中事后监管，营造良好商业氛围，促进农村新产业服务品质的提升。新增建设用地中要为新产业发展留有一定空间，探索用地模式的多样创新。

（三）探索生态价值与生态产品价值实现机制

乡村产业的发展，如果仅仅是依靠粮食生产，那么乡村发展就难以获得足够的空间，实现乡村生态价值的市场购买或是突出乡村产品的生态价值则是乡村未来发展的重要出路之一。狭义上的生态产品指与生态直接相关的满足生物生存基本需求、调节生态环境及提供宜居自然环境的产品，包含新鲜空气、无污染水源、土壤、森林和适宜气候等。广义上的生态产品包括人为参与的用与生态直接相关的产品制作成的与生态间接相关的产品，是由生态系统与人类社会共同生产的供给人类社会消费并满足人类社会需求的产品或服务。生态产品与其他产品不同，首先，其具有整体性和不可分割性，生态产品是为区域整体或某一特定区域提供，区域范围内不具备排他性。其次，生态产品具有外部性和公共性，生态产品的供给难以具体到个体，且其效应多发挥于外部，因而生态产品的社会效益远多于个人效益。最后，生态产品具有时间和空间上的动态性。生态产品的提供在不同的时空条件下难以千篇一律，其特殊属性致使其难以批量生产，因而不同地区、不同时段生态产品的开发重点和力度需视实际情况而定。

  生态产品的价值主要源于生产劳动、边际效用及供求关系等，其价值实现路径可分为直接转化路径和间接转化路径，即产品能够直接带来经济效益和通过与其他产品、服务的融合以间接获取经济效益两种路径。但目前生态产品在价值实现上还存在一定困境，在生产环节上，资源分散且权属复杂，开发生态资源投入多、难度大且回收周期长，这会在一定程度上影响生态产品总量及类型的开发。分配环节主要包括生产资料的分配和劳动力的分配，生产资料分配的过程中，由于大多数农村并未形成正规的流转市场，而产权的模糊及农村独特的生活伦理又会引发诸多所得利益分配方面的争议。劳动力的分配中，生态产品生产过程中的用工成本较高且监督效率较低。交换环节中，生产资料价值的模糊、不同时空条件下生态产品的差异及后期维护费用的难以估算等原因致使生态产品难以形成统一的价值核算标准，多数生态产品在核算价值时会考虑成本及市场风险，而生态产品价值核算及利益分配的难度进一步导致社会资本在生态产品开发方面的缺席。消费环节中，消费者对生态产品的消费较为有限，尤其是特定类型的生态产品。生态产品开发单位及社会还需要营造绿色消费的氛围，引导消费者在生态产品方面的消费。

  探索生态产品的价值实现，可以尝试以下几方面的路径。一是推动资源整合。将碎片化生态资源整合为成规模的资源，激活已有闲置生态资源，吸引社会资本进行投资。二是完善生态资源产权制度，划分自然资源产权主体，明确相关主体权利。探索多方主体利益分配机制的实现路径，完善以劳动力、资源参与生产活动并按股分红或其他类型的利益分配方式，促进多方主体尤其是村民和社会资本的共赢。三是拓宽生态产品开发融资渠道，引入专业化公司进行开发并进行价值核算。生态产品投资成本较大且回收周期长，需配齐相关融资优惠政策，创造融资便利环境以吸引社会资本的加入。开发方面，应引入专业化的公司和人员进行专业化的开发及维护，扩大产品盈利的空间。引进专业的第三方评估机构合理评估生态产品价值，核算生产成本及进行产品合理定价，形成一定区域内较为稳定的生态产品价值体系，促进多方共赢局面的形成。四是拓宽销售渠道，扩大市场份额。加强线上线下宣传力度，对接企业、社区等特定消费群体及个人，逐渐引导个体消费行为向生态产品倾斜。

（四）建立乡村文化保护利用机制

保护乡村文化，发掘并传承本地区优秀文化，探索其价值实现机制。引导多元主体投身乡村文化的发展中，培育本土人才，发掘、发展本地区文化资源，引入市场主体对优势文化进行开发。政府应引导、规范、监管文化市场的发展，推动形成乡村文化繁荣、健康发展的良好氛围。重视本地区特色文化资源的发掘，在保护文物设施的基础上围绕历史传统、红色资源等内容进行适度开发，以此带动旅游经济的发展。做好宣传工作和文化景点服务保障工作，推动文化资源转化为经济资源。

具体做法方面，一是保护乡村文化。保护乡村文化，首先应了解本村全部文化内容，整理文化资源并建立文化档案或台账以便更好地进行保护。其次应建立健全文化保护相关政策规定，落实主体责任，规范主体行为。最后应积极推动相关部门、各相关行业专业人员及社会力量积极参与文化保护和传承，让优秀传统文化在当代发挥更大作用。二是发掘乡村文化本身所带有的经济价值。乡村文化的保护和传承需要一定的经济投入，而乡村文化本身的经济效益却没有得到应有的重视。乡村文化与城市文化有较大的区别，其经济价值尚待进一步开发。探索将乡村文化与现代精神文明、市场潮流及大众审美结合在一起，开发具有历史底蕴、人文关怀、乡村特色的文化产品。三是打造地方特色，发展乡村文化旅游。首先应立足本地产业基础和资源优势，充分利用原有资源进行产业融合，优化产业结构，增大发展空间和获利空间。其次应与本地区文化资源相结合，打造特色文化旅游地。乡村面貌作为一种物态文化本身就具备特色，其与不同时空下的农村、城市样态都有所区别，因此应利用好乡村本身的面貌，以整洁优良的乡村风貌为切入点发展乡村文化旅游。除物态文化外，乡村的内在文化对打造地方特色、吸引游客也有重要作用。多数村庄都有其特定的历史文化，如著名人物故乡、战役的发生地、典故所在地等，都可以充分发掘并形成本村文化主题。乡村生活方面，农民作为一种职业，可以发展其职业文化以供游客体验。饮食作为当地文化，可以让游客参与制作并享用当地民间特色小吃。乡村的风俗作为一种民俗文化，可以适当发掘并邀请游客参与当地民俗节庆等活动。有特色服饰的地区可将其融入本地第三产业之中，吸引游客穿着当地服饰并拍照打卡，发挥宣传作用。

（五）搭建城乡产业协同发展平台

探索城乡相互配合的全产业链的产业发展，是建立城乡良性互动关系的重要方向。逐步设立城乡产业协同发展平台，促进城乡产业协同发展，带动城乡产业整体水平的提升。推进城乡第三产业协同发展，完善农村公共基础设施，提高农村闲置资源利用率，发展乡村旅游、特色民宿、生态养老等产业，增加农民额外经济收入。城乡产业协同发展，是一个双向互补的产业发展理念，即哪些产业适宜在乡村发展，就重点在乡村打造，但城市需要考虑的是如何推动、支持乡村做好该项产业；相反，城市最适宜发展的产业，也需要乡村提供支持和帮助，从而实现城乡各自产业的最佳发展。推动城乡技术协同发展，完善高校、企业科技成果转化机制，促进农业生产技术的改进。灵活引进人才，吸引技术人才参与农业发展。建立帮扶机制，逐步培育本土人才，针对性传授农民相关知识，帮助解决农民在农业生产中的技术问题。推进现代科技在乡村治理中的作用发挥，探索一体化在线政务服务平台建设，提升乡村治理效能。

城乡产业协同发展需要一定的空间载体。一方面，促进县域发展，合理布局县域功能区，推进县域产业发展、生态环境改善、基础设施建设，促进小城镇吸纳农村人口、带动农村发展功能的实现。另一方面，提高农村空间利用水平。在与农户协商的前提下，利用农村空闲房屋和闲置农地发展相关产业，同时完善农村基础设施建设，增加对城市人口的吸引力，促进农村更好地承载城市相关要素。

促进城乡劳动力协同发展平台建设。一方面，开展各类就业培训，增加农民就业技能，提升农民在城市就业能力。建设城乡就业信息平台，有效推送城市招聘信息，对接农民就业需求，减少农民进城务工障碍。另一方面，建立健全人才引进机制，提高人才待遇并建立健全人才保障机制，吸引人才下乡。灵活引入人才，完善科研机构、企事业单位人才驻村工作机制，促进城乡劳动力要素的协调发展。

促进城乡产品融合平台建设。利用互联网平台推进农产品进城和工业品下乡双向流动，创新农业经营模式，因地制宜推进订单农业、生态农业、休闲农业等经营模式的发展。发展农村现代物流，推进农村道路等基础设施建设，拓宽运输渠道、改进运输方式。

（六）健全城乡统筹规划制度

整体视野、未来面向与系统思考是城乡统筹规划的基本要求。城乡统筹规划在狭义上指对一定时空范围内经济社会、生态环境等要素做出的整体规划，广义上指对于城乡各要素功能和结构的整体部署。健全城乡统筹规划制度，首先应保障农民的参与权、保护农民利益。城乡统筹规划中应着重关注农村地区的规划，而对农村地区的规划则需要农民广泛参与其中，引导农民改善其生活环境，便利其生产活动的进行。其次应尊重地方的历史文化。城乡统筹规划是建立在地方原有的历史文化基础之上的，而非自上而下政府强制性要求农民进行改造并规定具体方法。在对农村的规划中，应保留农村传统文化中值得借鉴、发扬的部分，将其融入本地区的发展中，使农民以其熟悉的、有效的方式逐渐融入现代化的发展中。最后应兼顾多方主体利益。城乡统筹规划在于区域发展互补，最终促进区域发展和居民收入水平提高。在城乡统筹规划中，应统筹考虑产业布局、居民生活便利度等多种因素，兼顾各方利益，促进地方经济水平和居民收入水平的提升。

城乡统筹规划制度的设计思路方面，首先应利于城乡融合发展。长期以来，城乡发展处于割裂发展的状态，忽视了农村的发展，因此设计城乡统筹规划制度时应考虑城乡资源配置的优化问题，促进城乡由二元割裂的关系逐渐走向融合。其次应重点考虑农村发展，使资源向农村、农业和农民倾斜。农村发展状况较城市来说处于弱势，因而在规划中应注重农村地区的发展，缩小城乡发展水平的差距，真正使农民获益。最后应鼓励各地依据自身实际情况进行统筹城乡规划的具体探索。各地区经济发展水平、城乡差距、生产生活等因素都有所不同，因而应探索适应其自身发展状况的先进经验。

城乡统筹规划，缩小城乡二元差距。空间利用方面，统筹规划城乡空间范围，提升城乡间各要素交流的便利程度，更好地发挥经济发达地区对周边地区的辐射和带动作用。产业发展方面，加强城乡产业统筹规划，避免产业结构同质化困境的出现，根据城乡资源特点和优势发展不同产业，形成产业互补的良好局面。基础设施建设方面，统筹规划城乡交通、电网、信息网络等基础设施，带动农村基础设施建设水平的提升。公共服务方面，统筹城乡义务教育资源投入，促进教育资源向农村倾斜，缩小城乡教育水平差距。建立健全城乡社会保障机制，实现城乡医疗保险、养老保险的均衡发展。统筹城乡公共服务规划，丰富城乡居民精神文化生活。

五、建立健全农民收入持续增长的政策机制

实现农民收入的持续增加，我们需要关注两个空间，一个增收空间在乡村，这主要涉及经营性收入、转移性收入和财产性收入，而另一方空间则是城镇，其主要涉及农民的工资性收入。统筹保障农民在两个空间中的收入增长，

是保障农民收入持续增长的重要前提。

（一）完善促进农民工资性收入增长环境

农民工整体收入水平较低、工资水平与其劳动付出不成正比且难以要到工资等问题长期存在，提高农民收入水平，改善农民生存环境，必须重视农民工工资性收入增长良好环境的创建。优化就业环境，加强行业监管，促进拖欠农民工薪资问题的解决。建立健全农民工权益保障机制，宣传维权知识并提供免费法律服务，切实保障农民工权益。发展县域经济，培育新的产业支撑点，促进产业发展，鼓励当地企业创造就业岗位，吸纳农村剩余劳动力及进城务工农民。开展多类型就业技能培训，对接不同就业岗位，增加农民就业技能并支持农民多渠道就业。继续实施"以工代赈"等项目建设，让更多的农村劳动力能够在家乡获得工资性收入。加大公益性岗位的补贴标准，不断提升公益性岗位就业者的收入。

鼓励企业提高本单位福利水平。增加农民工按劳分配的份额，提高农民工现金报酬。提升劳动安全保障水平，缩短劳动时间。增加农民工实物福利，推动企业免费或低价为农民提供生活用品、米面粮油等物品及娱乐、健身等服务。增加其他劳动报酬，加强农民工社会保障体系建设，推动农民工工资性收入增长。

（二）健全农民经营性收入增长机制

促进一、二、三产业融合发展，带动农民增收。因地制宜发展农业，综合市场情况、地理位置等因素，听取多方主体及专家意见，确定本地区优势经济作物，并在农机设施购买方面予以政策支持。生产过程中加强技术指导，配备专门技术员定期联系农民，对农民在生产过程中遇到的问题及时予以答复，定期组织针对性讲座讲解本地区农作物种植的相关技术。建立健全农业社会化服务体系，介入农业生产的各个环节，促进农业发展。拓展销售渠道、市场范围，通过企业、互联网等方式统一销售，助力农户对接市场。有条件的地区可发展乡村小微工业，带动农村基础设施的完善和其他产业的发展，创造就业岗位，使农民工能够在家门口就业务工。结合本地区优势资源发展第三产业，引导农民参与特色旅游、民宿等产业的开发，促进农民经营性收入的增长。

发展集体经济，以集体经济利益增长带动农民经营性收入增长。首先，强化人才引领。培育本土人才，鼓励乡贤、返乡能人、高校优秀毕业生等加入村两委班子队伍之中，村两委班子成员兼任村集体经济组织负责人，带动村集体经济发展。完善干部考核方式，将集体经济发展情况作为重要考核指标之一，建立健全容错纠错机制，给予干部一定自主发挥空间，鼓励干部有作为、敢作为。加强干部理论学习，开展专题培训，提升干部政治理论水平和思想道德素质，定期组织村集体经济组织负责人外出观摩学习先进经验，提升其领导能力和工作水平。其次，整合多方资源，提高资源利用率。清点村内闲置资源并予以登记造册，以流转或入股等多种方式将闲置资源变现。将项目增量土地作价入股，增加集体经营收益。对村内特色资源进行合理开发，延长产业链，提高产品附加价值。再次，发展优势产业。可根据村具体情况、区位优势或资源优势发展相应产业，如距离城市地区较近的村可充分利用城市资源，发展物流业、家政服务业等产业，农业较为发达的农村可发展观光旅游等产业。最后，加大政策倾斜力度。各级政府按比例分担，设立专项支农惠农资金，鼓励金融机构加大对村集体经济的支持力度，促进村集体经济的发展。

（三）建立农民财产性收入增长机制

促进农民财产性收入增长可从政策和农民两个方面入手。政策方面，可分为土地政策、金融制度、社会保障制度和集体经济制度。明确土地所有权主体，实现农民的土地财产权，盘活土地资源。改进土地征用制度，提高土地征用补偿标准，逐步允许经营性建设用地以租赁、入股等方式进入市场。发挥闲置宅基地的经济效益，以出租、入股和有偿退出的形式整合闲置资源，增加经济收入。健全土地流转服务体系，构建企业、村集体及个人与农户间对接的渠道，鼓励村民流转闲置农地，增加农民收入。健全农村金融体系，提高农村金融机构理财人员专业素质，开发针对农村地区的特色金融产品，以金融产品的创新带动农民理财方式的转化，实现农民金融资产向资金收益的转化。完善农村社会保障制度体系，建立以政府投入为主、社会力量积极参与的社会保障结构，增强农民抵御风险的能力。深化农村集体产权制度改革，推动"三变"改革，探索将集体股权分散到农民手中并允许农民自由流转，以此实现对闲置资源多种方式的运用，从而激发农民参与集体活动的积极性，逐渐培育农村内生动力。明确集体经济成员资格获得条件及其相关权利、义务，减少后续纠纷，促进良好利益分配格局的形成。

增加农民财产性收入，可能的路径之一为增加农民财产，即探索其工资性收入、经营性收入等各类收入增长的途径。一方面，积极创造就业岗位，保障农民工作条件及薪资水平。另一方面，激活土地要素，动员农民以人口、土地和资金入股集体经济或企业，发展集体经济，增加农民的财产性收入。在农民中积极宣传金融产品，鼓励村庄能人、乡贤等群体进行金融投资，发挥其示范效应，促进农民金融观念和投资行为的转变。

（四）强化农民转移性收入保障机制

建立健全农民转移性收入保障机制，财政资金应向涉农产业倾斜。给予涉农企业优惠性政策，为其在融资、扩大再生产等方面提供便利。鼓励各单位申报涉农项目，支持相关项目的贯彻落实。增加对种粮农民的直接补贴，采用多种补贴方式鼓励农民生产适宜本地区的、获利空间较大的农作物。降低农业生产成本，加大对于农业基础设施建设、农机设备、化肥种子等生产资料的补贴力度，提高生态补偿标准，对农地流转、宅基地租赁、农业保险进行专项补贴，增加农民的转移性收入。调整涉农资金投入结构，在对规模农业进行投入的同时注重对小农户生产的补贴，在对农业进行间接补贴的同时注重直接补贴比例的增长，加大财政对农村生态环境支出力度，保持并提升农村地区环境卫生水平。整合各类涉农资源并制订其使用办法，提升涉农资源使用效率和水平，促进其效益最大化发挥。建立支农资金监管政策，确保资金精准、有效发放，切实保障农民转移性收入的增加。

加大对困难群众的帮扶力度，提高转移支付帮扶标准。提高对困难群众的补贴标准，有条件的地区可定期为困难群众发放生活补贴和粮油用品。提高对独居老人、留守儿童或孤儿、残疾人等困难群体的补助水平，以增加困难群体收入。通过公益性岗位提供更多就业机会，增加转移性收入。完善行业与社会帮扶机制，推动企业发展带动村民就业及为村民提供节日慰问品等福利，动员社会力量发挥社会资源在增加农民转移性收入中的作用，鼓励发达地区、机关单位及企业对口帮扶，增强帮扶地区基础设施建设，增加帮扶地区农民转移性收入。完善农村地区养老保险制度，逐步提升农村地区养老保障金额。加大对教育、医疗等公共服务领域的专项转移支付力度，让农民减少教育、医疗支出，进而获得转移性收益，间接增加转移性收入。

（五）强化巩固拓展脱贫攻坚成果与乡村振兴有效衔接体制机制

巩固脱贫攻坚成果，促进农村地区长远发展，需做好脱贫攻坚和乡村振兴两个阶段间的衔接工作，具体包括优惠政策、建设内容和经验总结等方面的衔接工作。政策方面的衔接包括财政资金、城乡建设用地指标、金融优惠政策、人才引进等方面的衔接。持续关注原贫困地区的发展情况，给予其一定的优惠政策和财政资金支持，保留原有专项资金，实现脱贫摘帽不摘政策。统筹各级政府可支配财力，整合财政资源，探索涉农资金长效整合机制。完善相关补偿、补贴制度，继续实行兜底补助，加大对农村低收入人群、无劳动能力人群、独居老人及留守儿童或孤儿的补贴力度，尽快补全脱贫攻坚时期易地扶贫搬迁融资资金，完善宅基地有偿退出机制，推动农民以闲置资源换取资金。为原贫困地区发展良好的产业提供政策倾斜、税收优惠、贷款贴息、政府采购等，进一步推动其产业发展。实现土地支持政策衔接，在守住全国18亿亩耕地红线的基础上，推动新增建设用地指标与过渡时期需求相结合，优先向原贫困地区倾斜，对于指标不足的地区通过省内统筹解决、省内交易或省外调剂的方式满足其新增建设用地指标需求。衔接金融服务政策，完善小额信贷政策，以减免利息等方式支持原贫困地区经济发展。创新特色农产品保险制度，鼓励多方主体共同分担农业生产经营风险并逐步建立、完善农业产业风险分担机制。做好人才智力政策衔接，吸引各类人才为乡村振兴服务。鼓励返乡能人、乡贤、高校毕业生等人才加入村两委班子队伍，促进乡村治理有效地实现。优化农村地区教育、医疗卫生队伍，通过吸收高校毕业生、上级单位轮岗人员、城乡教师，交流医疗队伍人员，加强对农村地区工作人员队伍的培训等方式提升农村教师、医疗卫生人员的专业能力，更好地促进乡村教育事业和公共医疗卫生事业的发展。探索高等教育专项招生制度，为乡村振兴、农村各项事业的发展输送人才。引进高技术人才，发挥其在技术治理、农业发展、农技推广方面的作用，为乡村振兴注入新活力。

实现乡村建设行动衔接，应从顶层设计层面统筹规划原贫困村与非贫困村发展机制，巩固并拓展脱贫攻坚成果。加强农村地区基础设施建设，完善公路、铁路等交通线路规划建设。推进农村环境卫生整治，继续厕所革命、垃圾清理及污水治理等工程，加强防洪、灌溉等小型水利工程的建设。对于易地扶贫搬迁贫困村，注重搬迁后当地基础设施的建设完善，真正方便农民日常活动的开展。持续促进农村地区产业发展，继续推进原有项目，依托当地特色资源发掘特色产业及脱贫产业。完善产业发展所需基础设施，加快配备仓储保鲜、物流等产业，发展电商和批发市场。创造就业岗位，培训农民就业技能，提高农民就业能力，激发农村内生动力。提升脱贫地区公共服务水平，加强义务教育阶段硬件设施建设和软件配备，多方争取资金、引入人才，提升农村地区教育水平。加大医疗保障力度，完善大病专项救治制度，继续开展三级医院对口帮扶机制，提升农村地区医疗水平。继续进行危房改造，确保农民住房安全。

　　脱贫攻坚时期积累的先进工作经验要与乡村振兴时期相结合。工作体系方面，完善各级政府职责，划分各级政府责任。继续加强对农村基层党组织的建设，以党建推动各项工作的落实。继续发挥驻村第一书记和工作队的作用，探索常态化驻村工作机制，同时保证驻村工作人员在原单位薪资待遇及驻村工作结束后晋升机会的平等获取。建立常态化考核监测机制，完善对干部的考核机制和对贫困人口及边缘人口的监测机制。落实容错纠错制度及问责制度，拓宽晋升渠道，激励干部有所担当和作为。建立健全常态化监测预警机制，防止贫困户个体化、规模化因病因灾返贫，预防边缘户新贫困问题的产生，有效巩固脱贫攻坚成果。

第五章

权利、公平与效率：
城乡融合视角下乡村振兴战略的优化

乡村振兴与城乡融合发展是新时代解决发展不平衡不充分问题的两条关键举措。城市和乡村是荣辱与共的命运共同体，二者相互促进、相互支撑，协调推进乡村振兴与城乡融合发展战略是解决城乡发展差距和人群发展差距的必然要求。在全面推进乡村振兴战略的过程中，要坚持城乡融合发展的视角，分别从权利、公平和效率三个维度促进乡村振兴战略路径的优化。从权利的角度来讲，生活在城市和生活在乡村的居民均享有发展的基本权利和分享发展成果的权利，因而要在发展实践中坚决落实以人为中心的发展理念，切实促进城乡居民共享经济社会发展成果；从公平的角度来讲，构建新型城乡关系与推进乡村振兴战略是辩证统一关系，构建新型工农城乡关系要求加快破除城乡二元发展体制，实现城乡之间的有机融合，促进城乡居民公平分享经济社会发展机会；从效率角度来讲，促进城乡融合发展和全面推进乡村振兴，需要加快破除影响要素自由流动的壁垒，充分发挥市场在公共资源配置中的决定作用，实现要素在城乡间自由流动，同时更好发挥政府的宏观调控作用，从而提高资源要素的配置效率和配置水平，以城乡融合发展之路促进乡村全面振兴。

一、权利：以城乡融合促进发展成果由人民共享

坚持人民主体地位和以人民为中心的发展理念，要求在新时代的发展实践

中做到发展为了人民、发展依靠人民和发展成果由人民共享，共享发展成果是构成人民发展权的基本要素之一。但由于在发展过程中形成的城乡二元结构带来的消极影响难以在短时间内消除，导致城乡居民对发展成果的享有程度存在差异，农村居民对发展成果的享有程度要低于城市居民，从而引发城乡发展、区域发展和人群发展之间的不平等。乡村振兴战略的主要目标是解决区域发展不平衡和发展不平等，加快实现农业农村现代化，而城乡融合发展的战略目标也是加快实现农业农村现代化。从这个意义上来讲，乡村振兴与城乡融合发展战略是一个问题的两个方面。

（一）城乡等值：深刻认识城与乡的独特价值

新中国成立以来，我国城乡关系的演变主要经历了"城乡分治—对立缓和—城乡统筹—城乡融合"四个发展阶段，在每一个发展阶段城乡关系的演变都表现出不同的特点，总体呈现出由歧视到平等、由对立到融合的发展趋势。在当前全面推进乡村振兴的历史背景下，应该深刻反思既有的城乡关系，加快破除影响城乡融合发展的体制机制障碍，加快形成工农互促、城乡互补、全面融合和共同繁荣的新型工农城乡关系，以求更好地助力乡村振兴战略的落地实施，协调推进乡村振兴战略和城乡融合发展战略的落地实施，从而有效解决发展不平衡和发展不充分的问题。

城市与乡村是两个具有不同特征的生产生活空间，在生产生活方式、社会交往方式和休闲娱乐方式等方面都存在较大差别，但这两个不同的空间对居民生活分别具有不同的价值，可以在不同方面为居民提供独特的产品与服务。城市与乡村二者虽然不同类，但在人民追求美好生活上却具有同等价值，在全面推进乡村振兴和城乡融合发展阶段，应该打破城乡分割和城市优于乡村的传统观念，深刻认识到城市与乡村具有的独特价值。乡村振兴与城乡融合的最终目的是实现城乡空间的均衡发展，确保城乡居民的生活质量相当，即实现城乡等值发展。城乡等值在此主要强调两个层面的含义。一是实现城乡生活质量等值。通过加快落地实施乡村振兴战略和城乡融合发展战略，来不断缩小城乡发展差距，促进城乡均衡发展，进而通过实现城乡居民享有基本公共服务的均等化，来促进城乡居民生活质量等值化。二是城乡发展处于同等地位。城市让生活更美好，乡村也可以让生活更美好，城市和乡村在发展过程中本是一个相互支撑和互利共荣的整体，不可将城市与乡村分割开来。基于以上两点含义，应该更加充分地认识到城乡发展等值化意在强调城乡发展的空间均衡性和城乡发展价值的同等重要性，城乡发展的空间均衡的过程实质上是城市和乡村弥补自身发展短板的过程，也是城乡内部和城乡之间经济、社会、环境协调发展的过程，但需要认识到城乡发展空间均衡的实现过程具有不同步性。

这种发展的不同步性既有历史遗留的原因，又有客观现实的制约。从建国之初到改革开放之前的这一段时期里，城乡二元分割得以确立，并且这种二元对立关系在发展中逐渐得到强化，这一时期国家的发展理念是强调城市的优先发展，暂时牺牲农村，实施的是"以农助工"战略，但伴随着工业化速度的不断加快，农村与城市的发展差距越来越大，城乡关系逐渐呈现出一种不平等的状态。这种不平等主要体现在城乡发展机会的不平等、城乡基本公共服务的差距和城乡居民福利待遇的差距等方面，这些差距的存在曾经一度使农村陷入发展困境，农民的相对剥夺感比较强，因为农民并未像市民一样获得均等的发展机会，农村发展的等值性也并未得到充分重视。城乡二元分割的存在使城乡发展差距进一步扩大，并逐渐对经济社会发展产生消极影响。伴随着改革开放帷幕的拉开，城乡二元分割的结构开始松动，并逐渐转向城乡统筹发展阶段，城乡二元经济结构开始改变，国家从宏观层面实施"工业反哺农业，城市支持乡村"的发展战略，加快实现城乡之间的协调发展。尤其是党的十九大以来，我国开始强调城乡融合发展，要求加快建立健全体制机制和政策体系，加快推动城乡关系转型，紧接着，中共中央和国务院于2019年颁布了《关于建立健全城乡融合发展体制机制和政策体系的意见》（以下简称《意见》），此《意见》

对城乡融合发展的阶段进行了划分，将其划分为三个阶段，即到2022年，城乡融合发展体制机制初步建立；到2035年，城乡融合发展体制机制更加完善；到本世纪中叶，城乡融合发展体制机制成熟定型。城乡融合发展战略三阶段的划分基本上与乡村振兴战略实施的三阶段同步（如表5-1所示）。因此，在进入全面推进乡村振兴战略和加快推进城乡融合发展战略的新阶段，务必更加重视城与乡的等值性，深刻认识城与乡在实现城乡融合发展和乡村振兴进程中的独特价值，努力实现乡村振兴战略与城乡融合发展战略的协调推进。

表 5-1　乡村振兴战略与城乡融合发展战略的三阶段

年份/战略类型	2020（2022）年	2035 年	2050 年
乡村振兴战略	乡村振兴取得重要进展，制度框架和政策体系基本形成	乡村振兴取得决定性进展，农业农村现代化基本实现	乡村全面振兴，农业强、农村美、农民富全面实现
城乡融合发展战略	城乡融合发展体制机制初步建立	城乡融合发展体制机制更加完善	城乡融合发展体制机制成熟定型

（二）共存共荣：构建新型工农城乡关系

如上所述，乡村振兴战略与城乡融合发展战略具有共同的战略目标，二者之间相互支撑，城乡融合发展和乡村振兴的过程，实质上都是缩小城乡发展差距，促进城乡社会、经济和生态等空间动态均衡的过程。通过对城乡发展现实的总结，发现城乡关系的变迁主要经历了四个发展阶段，这四个发展阶段的变迁过程可以将其总结为从城乡二元分割到城乡融合，从以农养工到以工哺农，在变化过程中城乡关系发生了重大变化。尤其是党的十九大以来，国家提出要推进乡村振兴战略和构建城乡融合发展的体制机制的重大战略构想，并从顶层设计和政策实践层面推动此战略的实施，十九届五中全会又再次强调要加快构建"以工补农、以城带乡,推动形成工农互促、城乡互补、协调发展和共同繁荣的新型工农城乡关系",这一论述奠定了新时期推动城乡关系发展的基本方向,也是中国社会主要矛盾发生变化和全面建设社会主义现代化国家新征程中必须处理的关键问题。因为伴随着城镇化和工业化的不断发展,中国已经逐渐由"乡土中国"进入"城乡中国"发展阶段,这一变化决定了必须重新思考城乡关系,重构城乡发展格局。而乡村振兴战略正是在这一社会背景下提出的,其主要目的在于通过乡村振兴战略提升乡村发展的短板,促进乡村产业、人才、组织、生态和文化振兴,解决城乡发展不平衡和农村发展不充分的问题,从而实现城乡融合发展,构建新型工农城乡关系。

新型城镇化战略立足于城市,联系着乡村,乡村振兴战略则立足于乡村,背靠着城市,而城乡融合发展正是这两大发展战略的契合点,也是在新时期加快实现乡村振兴战略目标的有效路径。新型城镇化战略强调以人为核心的城镇化,而乡村振兴则强调乡村各方面的全面复兴,进而服务于生活在乡村的居民,其核心也是实现人的全面发展。从这个层面上来讲,构建新型城乡关系与推进乡村振兴战略是辩证统一关系,构建新型工农城乡关系强调消除不平等的城乡二元发展体制,改变城乡二元对立的局面,实现城乡有机融合;而乡村振兴则主要聚焦于如何消除城乡发展不平衡和乡村发展不充分的问题,其核心目的也在于构建起促进城乡融合发展的体制机制与政策体系。所以,应该清楚地认识到构建新型工农城乡关系和推进乡村振兴战略是"一体两面"的工作,要努力促进二者之间的有机融合。

在乡村振兴视野下,构建新型城乡关系的要求更高,内容体系更加丰富。一方面,要强调城乡之间不能以牺牲任何一方作为代价来换取另一方的发展,过去我国的城镇化发展之路牺牲了过多农村的利益,强调的是以农村支持城市发展,现在进而转向强调城乡融合发展,以城市支持农村,以工业反哺农业,构建新型城乡发展格局;另一方面,强调城乡之间虽然有差异,但城乡功能可以实现互补,在新型城乡关系下要能够实现城乡之间的协调发展和共同繁荣。

因此，在新型城镇化战略与乡村振兴战略的推进过程中，要实现二者的有机融合。具体来讲，要基于城乡等值的价值定位，构建新型工农城乡关系，既不能以城市发展为主导，也不能只从满足乡村发展需求的角度来考虑乡村的发展，唯有不断促进城乡互促共生和融合发展才能有效实现城乡融合发展，促进城乡共同繁荣。

（三）共建共享：实现发展成果由人民共享

"共享"理念是践行新时代发展观的核心理念，"共享发展"的第一要义是发展，基本前提是"共建"，其终极目标是实现发展成果由全体人民共享。中国当前的经济发展总规模已经超过110万亿元，稳居世界第二位，经济发展取得了辉煌成就，但社会建设却相对滞后，城乡发展差距、区域发展差距和人群贫富差距依旧较大，这三大发展差距是新时期必须解决的三大问题，事关乡村全面振兴和全体人民共同富裕。一方面，刚刚摆脱贫困的中西部欠发达地区与东部地区相比，还存在不小的发展差距，横向对比来看，西部地区的基础设施和基本公共服务供给水平和质量与东部地区相比还存在不小差距；另一方面，由于城乡二元结构尚未被完全打破，历史遗留问题尚未根治，区域内城乡居民在享受基本公共服务方面还存在不小差距；还有高中低收入人群的收入存在差异，导致其享有基本公共服务的程度还存在差异，这些方面的差距都严重制约着经济社会的高质量发展。

十九大报告中提到"必须始终把人民利益摆在至高无上的地位，让改革发展成果更多更公平惠及全体人民，朝着实现全体人民共同富裕不断迈进"，这一论述集中体现了让广大人民群众共享改革发展成果，这是社会主义制度优越性的集中体现。中华人民共和国成立70多年来，尤其是改革开放以来，我国经济社会发展取得了举世瞩目的伟大成就，2020年我国全面打赢脱贫攻坚战，现行标准下的绝对贫困得到历史性解决，中国人民从此告别了绝对贫困。从2021

年开始进入全面推进乡村振兴和全面建设社会主义现代化强国的新阶段，但需要认识到在走向这两个战略目标的道路上依旧面临着城乡发展不平衡和乡村发展不充分的现实问题，在进入新的社会发展阶段之际，更需要坚持"发展为了人民、发展依靠人民和发展成果由人民共享"的理念，加快破除影响城乡要素自由流动的体制机制障碍，以城乡融合发展促进乡村振兴战略的优化。

城乡融合作为新型城镇化战略与乡村振兴战略的契合点，二者相互促进和相互补充。国家为了解决发展不平衡和发展不充分的问题，在党的十九大报告中提出要实施乡村振兴战略，要求按照"产业兴旺、生态宜居、乡风文明、治理有效、生活富裕"总方针，采取多种途径实现产业振兴、人才振兴、文化振兴、生态振兴和组织振兴"五位一体"的乡村全面振兴，这一战略的实施不仅是促进农业农村现代化的关键举措，也是促进城乡融合发展和实现发展成果由人民共享的具体路径。因为从理论逻辑上来讲，乡村振兴战略主要目标在于弥补乡村发展的短板，增强乡村发展的弱项，以满足乡村居民多样化的发展需求，提高乡村居民的生活质量；而城乡融合发展战略的主要目标在于破除各种制度壁垒和体制机制障碍，促进要素在城乡间的自由流动，构建起促进城乡协调发展的机制，实现城乡发展的协调化，进而实现发展成果由全体人民共享。

二、公平：加快破除阻碍城乡融合发展的制度障碍

城乡融合发展是新型城镇化战略和乡村振兴战略相互支撑和相互促进的切入点，也是促进城乡基本公共服务均等化、城乡经济一体化发展和城乡平衡发展的关键路径。城乡融合体制机制虽具雏形，但当前城乡融合发展进程中还有诸多现实问题，尤其是制度层面的障碍尚未得到根本消除，严重阻碍着城乡融合发展的进程。具体来讲，这些障碍主要体现为户籍制度障碍、要素流动障碍和基本公共服务均等化障碍等三个方面，而要想加快促进城乡融合发展，实现城乡公平正义，就需要破除这三个方面的障碍。

（一）打破影响城乡融合的二元户籍制度障碍

"以户籍制度为核心的城乡二元体制是农村劳动力进城的主要制度障碍"。户籍制度作为历史改革的一种遗产，在新的发展阶段已经不能适应社会发展的需要，二元户籍制度的存在已经对中国城乡经济和社会发展造成了诸多负面影响，除限制城乡人口自由流动以外，在其上还附着诸多其他利益差异，比如城乡居民享受基本公共服务的差异和城乡居民社会保障方面的差异。虽然，这些年国家在大力进行户籍制度改革，将捆绑在户籍制度上的利益剥离开来，但城乡二元户籍制度给城乡融合发展带来的障碍并未得到根本消除。

这些障碍主要体现在三个方面：一是阻碍城乡人口自由流动。伴随着城镇化进程的不断加快，农民工"进城落户"已经成为一种必然趋势，但由于城乡二元户籍制度的限制，作为流动人口的农民工难以在城市落户成为市民，同时还面临着城市融入困难和就业歧视等诸多现实问题。农民工群体为中国城市建设贡献了力量，在一定程度上也对中国经济发展提供了重要动力，已在城市居住和辛勤劳动多年，但由于户籍制度的限制，他们难以成为市民，难以分享城市经济社会发展的成果，尤其是大城市制定了更高门槛的落户标准，落户者需要满足其设定的各种指标才能成为城市居民，而这些指标是一般农民可望而不可即的。这种制度障碍对农民工的利益造成了一定程度的损害，也对城镇化发展的质量带来了负面影响。近年来，关于户籍制度改革的实践在不断推进，一些中小城市已经逐渐放开了农民工落户政策，但相关的配套政策还在不断完善之中，二元户籍制度所带来的消极影响并未得到根本性消除。

二是造成城乡居民享受基本公共服务的差异。由于长期以来遵循以"城市为重"的发展战略，将更多的资源投放到城市，城市的基础设施建设、基本公共服务和其他方面的发展都优越于农村地区，享有城市户籍便意味着获得了这些优越条件。而农村居民因为其农村户籍身份而无法获得城市居民所享有的各种"福利"，进而导致城乡居民获得的福利状态存在较大差距。在城乡发展差距较大和二元户籍制度未被打破的情况下，城市居民在医疗保健、学校教育和养老服务等方面所享受到的福利待遇，一般要优于农村居民，长此以往便形成了城乡基本公共服务供给的不均衡状态，这种状态间接拉大了城乡发展的差距，导致城乡居民在分享发展成果时的不公平状态，进而引发城乡发展的不平衡和城乡社会的不平等。

三是就业与发展机会不均等。由于城乡二元户籍制度和城乡二元经济结构的限制，农村居民主要以从事农业生产经营活动为生，城市居民主要以从事工业生产和第三产业为生，这三种产业提供的就业机会和发展机会差异较大，并且获得的劳动报酬和社会福利均存在较大差异。农业生产的劳动报酬更低，而工业生产和第三产业生产所获得的劳动报酬更高，这也是20世纪90年代以后，在允许劳动力流动以后，大量农村剩余劳动力流入城市的主要原因，均是为了获得更多的劳动报酬和追求更好的生活品质。另外，城市就业与发展机会与农村地区相差较大，城市拥有相对健全的就业创业制度环境、完善的公共基础设施和基本公共服务供给条件，而农村地区则不具备这些条件。这些因素共同决定了在城乡二元分割的格局中，城市可以为人口发展提供丰富的就业机会，而农村则不能，因而大量农村剩余劳动力选择进入城市寻找发展机会，以分享城市发展的成果。

如上所述，城乡二元户籍制度阻碍城乡融合发展主要表现在三个方面，这三个方面的障碍已经成为影响新型城镇化战略和乡村振兴战略顺利推进的关键变量，如果二元户籍制度得不到根本性消除，城乡融合发展将难以有效推进。因此，在全面推进新型城镇化战略和乡村振兴战略的背景下，应该加快破除影响城乡融合发展的户籍制度障碍，弱化附着在户籍制度之上的"福利"，促进城乡人口自由流动，加快推进城乡基本公共服务均等化，从而促进城乡居民共享经济社会发展成果。

(二)破除影响城乡要素双向流动的制度障碍

构建要素自由流通和要素平等交换的平台是实现城乡融合发展、促进乡村振兴的关键,但当前城乡要素双向流动还面临着一系列障碍,如土地要素流通障碍、劳动力流动障碍、资本流通障碍和数据信息交换障碍等。相关调查显示,中国农产品市场发育程度已经处于较高水平,但农业生产要素市场的发育却明显滞后于农产品市场,这便表现出现了结构性矛盾,土地、资金和人才等生产要素在城乡之间的配置出现不平衡和不合理状态,带来资源配置效率低下和资源严重浪费并存的局面,而造成这种状态的主要原因在于长期以来所形成的城乡二元发展格局严重阻碍了要素的自由流动。城乡二元发展格局所带来的一系列制度障碍对土地、劳动力、资本和数据等生产要素在城乡之间的自由流动产生了负面影响,这些制度障碍主要表现在以下三个方面:

第一,城乡统一的土地交易市场尚未形成。由于我国的土地权属分为国家所有和集体所有两种形态,因而存在国有土地和农村集体土地两种不同的管理模式,而这两种管理模式之下形成了两种不同的交易市场,出现了国有土地和集体土地"同地不同价"的现象,这种土地交易市场的出现对农民的土地权益造成了损害。另外,当前农村土地交易市场存在土地细碎化、交易成本高和流动程度低等实践障碍,与城乡居民返乡创业对土地供应规模的要求不匹配,一定程度上影响了返乡创业者的积极性和返乡创业的成功率,这也是城乡土地交易市场不统一带来的主要问题之一。

第二,资本双向流动的动力不足。长期以来形成的城乡二元经济结构,已经对城乡经济发展格局进行了重塑,而这种格局很难在短期内被完全打破,农村经济的活跃程度也比城市经济要低,农业产品的附加值与工业产品的附加值相比要低得多。再加上农业产业受到自然风险和市场风险的影响较大,而伴随着农村青壮年劳动力的大量外流,农村消费人群和消费市场逐渐出现萎缩,进而导致农业产业潜在的盈利空间不足。同时,农村基础设施和基本公共服务在脱贫攻坚期间得到了极大提升，但与城市地区特别是东部发达地区相比，还存在较多不完善之处，加之农村市场体系和监管体系不健全等因素，造成农村吸引资本的对接载体不完善。总体而言，诸多因素的限制，导致资本下乡后所需要的一套标准化服务难以被满足，从而造成农村对资本的吸引力不强，资本下乡对乡村经济发展的贡献率较低。

第三，数据信息要素交换不顺畅。虽然在脱贫攻坚期间，欠发达地区的农村基础设施和基本公共服务等方面得到了很大程度的改善，但与东部地区和城市地区相比较，还存在较大差距，尤其表现在数字基础设施建设方面，农村数字信息基础设施建设不健全和不完善，尚不能满足数字乡村建设的需求，导致城乡信息交流不顺畅，交易成本过高；此外，农民群体由于受到自身文化水平、数字化设备普及程度等主客观因素的限制，对数据的应用和对信息的挖掘能力不足，这也是造成城乡信息要素交流不顺畅和交易成本高的主要原因。

如上所述，城乡要素流动障碍主要体现为以上三点内容，但需要明确的是，造成城乡要素流动不畅的原因，除了以上几个主要原因以外，还包括劳动力、技术等要素在城乡之间的流动阻碍。因此，在全面推进乡村振兴的背景下，应该将城乡融合发展放在重要位置，加快破除影响城乡要素自由流动的障碍，促进城乡融合发展和乡村振兴战略的协调推进。

（三）改革影响基本公共服务均等化的制度障碍

近年来，政府在共享发展理念的推动下，大力促进城乡基本公共服务均等化，城乡基本公共服务的差距有所缓解，但因城乡二元发展结构造成的城乡间基本公共服务差距依旧存在，其主要原因在于"单中心"政府治理结构挤占了基本公共服务的空间、政府绩效评价体系远离基本公共服务的要求等制度障碍的存在。具体来说，城乡基本公共服务均等化面临的制度障碍主要体现在三个方面：

第一,政府间财权和事权不匹配,以及转移支付制度的低效率是造成城乡基本公共服务均等化难以实现的主要原因。分税制改革之后,从中央到地方,事权在层层下放,而财权却层层上收,这对地方政府提供基本公共服务产生了消极影响,因为受到财政能力和支付水平的制约,政府能够提供的基本公共服务类型及其覆盖范围受到极大限制。同时,考虑到基本公共服务提供的成本、规模和使用率等因素,政府在提供基本公共服务时,更倾向于集中居住的城市地区或人口密集区,而对农村地区居民而言,地方政府为其提供的基本公共服务往往质量较差、覆盖范围较小,并存在结构性矛盾,这些因素共同造成了基本公共服务在城乡间的供给出现非均等化。

第二,非均衡化的基本公共服务发展理念和供给制度使城乡居民无法享受均等的基本公共服务。平等享受基本公共服务是公民的一项基本权利。当前我国基本公共服务存在明显的非均等化,最突出地表现在公共服务的资源占有不均、消费水平不均和权益不均。中华人民共和国成立以来,我国长期实行工业优先和城市优先的发展战略,主张农业支持工业和农村支持城市,在这种发展理念的主导之下,逐渐形成了城乡分治的二元经济社会发展格局。因而基本公共服务的供给也优先向工业和城市倾斜,比如义务教育、医疗卫生和公共文化等基本公共服务,城市地区的供给质量和覆盖范围均优于农村地区,农村地区的居民在享受基本公共服务方面存在不公平性,这种不公平性已经成为促进基本公共服务均等化需要解决的突出问题。

第三,政府的绩效评价未将基本公共服务相关内容纳入评价指标体系是造成基本公共服务难以获得均等化的又一障碍。政府绩效评价指标就像"指挥棒",引导着政府资源的配置方向和政府决策者的注意力,现行的政府绩效评价指标体系未能通过科学合理的指标将基本公共服务均等化纳入绩效考核范围,从而造成基本公共服务均等化不能引起各级政府的高度重视。近年来,中央政府在顶层设计和政策实践上大力推进城乡基本公共服务均等化,并相继制定了《国家基本公共服务体系"十二五"规划》《"十三五"推进基本公共服务均等化规划》《"十四五"公共服务规划》等相关发展规划，对推动城乡基本公共服务均等化起到了重要的指导作用，也为如何推进和从何种维度上推进基本公共服务均等化提供了方向指引，但需要意识到的现实问题是，这些规划落地实施的效果相对较差，主要原因在于造成城乡基本公共服务供给非均等化的制度障碍并未得到根本性消除。

上述因素表明，基本公共服务均等化受到各种因素的制约，而当前我国城乡二元结构所带来的差别是影响我国农村基本公共服务体系建立和完善的主要制度障碍，也是制约我国城乡基本公共服务均等化发展进程的关键变量。基本公共服务是城乡融合发展的基石和主要载体，基本公共服务的短缺和不均衡将严重威胁城乡融合发展目标的实现，而机制障碍又是城乡基本公共服务不均衡的最主要因素。因此，在推进新型城镇化和乡村振兴战略的背景下，需要不断打破城乡二元发展结构，统筹城乡发展，从整体性视角加快完善相关的制度设计与法规政策，通过破除阻碍城乡基本公共服务均等化的体制机制障碍来促进城乡融合发展。

三、效率：发挥市场在城乡资源配置中的决定作用

"人、地、钱"等要素在城乡间自由流动可以有效促进乡村振兴战略和城乡融合发展战略的实施，其中，农村承包地是最核心的要素，产权制度安排是影响"人"和"钱"在城乡之间自由流动的关键要素。因此，需要不断加强产权制度改革。国务院于2016年颁布的《关于完善农村土地所有权承包权经营权分置办法的意见》中提出要进行土地"三权分置"改革，将土地承包权、所有权和经营权分开，这是继家庭联产承包责任制后农村改革又一重大制度创新，为降低承包地的撂荒面积和提高土地利用率，进而为实现土地要素在城乡之间的自由流动创造条件，吸引返乡创业人员回流乡村，推动工商资本有序下乡。从这个意义上讲，土地"三权分置"改革为促进"人、地、钱"等要素的

自由流动创造了条件。另外，还需要充分发挥市场在"人、地、钱"等要素配置过程中的决定性作用，从而提高要素的配置效率和配置水平，促进乡村全面振兴。

（一）土地：构建城乡统一的建设用地市场

从土地的权属和交易制度来看，城乡建设用地的二元分割由来已久，但是城乡二元土地所有制并不是问题的根源，主要问题在于尚未建立起统一的城乡建设用地交易市场，导致农村集体建设用地的交易成本过高才是引发矛盾的根本。近年来，市场经济体制改革稳步推进，产业市场改革方面取得了突出成绩，但要素市场改革却相对滞后，要素市场制度不完善是构建现代市场体系需要弥补的短板所在。土地市场化改革作为乡村振兴背景下促进农村变革的重要制度创新，需要加快完善农村土地市场，构建城乡统一的建设用地交易市场。总体来讲，构建统一的城乡建设用地市场需要遵循市场规律，发挥市场在土地市场交易中的决定性作用，减少政府对土地交易市场的干预，政府回归契约保障和服务监管的本位。具体而言，主要可以从以下几个方面努力：

第一，赋予农村集体建设用地同等的市场地位，构建"同地、同权、同价和同责"的城乡土地交易市场体系。实现"同地、同权、同价和同责"是构建城乡建设用地市场配置的核心内涵，当前的城乡建设用地市场上，城市建设用地定价过高，农村集体建设用地市场定价较低，在城市农村，相同面积的地段通常存在两种不同的价格，这不仅会造成农民利益受损，还会使农民产生一种不公平感。因此，在城乡融合的背景下，应该加快推进城乡建设用地市场化改革，赋予农村集体建设用地更多的权属，实现城乡建设用地同权同价同责，以土地市场化改革促进乡村经济健康发展。

第二，明确土地收益在政府间的分配原则，构建科学合理的土地收益分配制度。合理分配土地收益是建立城乡统一建设用地市场的核心，农村集体建设用地在交易市场上获得的收益理应划归农民集体所有,而不能因为城乡建设用地市场的统一,而出现土地收益分配的统一和模糊分配。农村集体建设用地交易产生的收益应该主要用于改善村集体公共基础设施、安置失地农民生产生活和补充村集体经济等方面的开支,做到专款专用,并加强对土地交易费用使用的监督。但是,政府可以通过征收土地税、增值税等方式对土地收益进行二次分配,以保证土地收益分配的科学性、合理性和公平性。

第三,规范土地出让主体职责和土地交易市场监管制度,构建统一的城乡建设用地交易市场。农村集体建设用地的出让主体应该统一,并且出让主体应该不断上移,由市县政府为主体,统一对辖区内的土地进行拍卖、招标和挂牌,防止出让主体多元而导致其他的社会矛盾。同时,要不断建立健全城乡土地交易市场监督管理制度,规范土地交易市场的运营,建立健全土地交易纠纷解决机制,完善行政复议、行政诉讼和民事诉讼等司法救济机制,为促进城乡统一的建设用地交易市场提供法治保障。总体而言,构建城乡统一的建设用地市场是促进土地资源在城乡间自由流动的关键,对城乡融合发展起到了重要的促进作用。

(二)人才:发挥市场在城乡人才流动中的激励作用

人才振兴是乡村振兴的关键,合理引导人才回流农村是推动乡村发展的重要动力。当前我国已经建立起了相对比较完善的社会主义市场经济体制,而市场经济是一种由市场配置资源的经济体制,市场对资源的高效利用和优化配置已经得到了实践证明。人才作为一种重要的战略资源,对一个国家和地区的发展具有重要价值,在乡村振兴的进程中必须充分重视对乡村人力资源的开发和乡村人才的培养。当前现实人才流动方向是从乡村单向流入城市,城市依旧是人才流入地,农村是人才的流出地。近些年乡村人才虽有回流趋势,但其回流规模和回流速度还不够。乡村振兴战略和新型城镇化的协调推进需要人才作为支撑，因而在推进乡村振兴战略的进程中需要吸引优秀的人才回流乡村，并不断发展产业和提升农村基本公共服务水平，实现引得来和留得住的目标，有效发挥回流人才帮助农村进行经济社会建设的作用。另外，新型城镇化的建设则需要人口从农村流入城市，以此不断提高人口城镇化率，但此处需要明确的是与人才回流乡村是不冲突的，可以在县域或镇域实现结合，构建科学的人才流动激励机制。从资源配置角度来讲，人才只有在城乡之间自由流动，才能充分挖掘人才潜能，激发人才的创造活力，实现资源的最优配置。

另外，在此需要澄清的是，推进新型城镇化战略和乡村振兴战略，这二者之间并不冲突，而是相辅相成和相互支撑的，城乡融合发展则是实现两大发展战略的契合点，新型城镇化不是强调特大城市的城镇化，而更加侧重于推进中小城市的城镇化。乡村振兴也不是强调单个村庄的全面复兴，而是以县域或小城镇为依托，来促进区域内乡和村实现同步发展。以乡镇为核心范围提供基本公共服务，从而吸引更多的人口向乡镇或县城集中，这不仅是促进新型城镇化战略发展的重要举措，也是促进乡村振兴的关键。

当前谁来振兴乡村已经成为乡村振兴必须面对的现实难题，但当前的乡村人才建设现状却难以满足乡村建设或乡村治理对人才的基本需求，乡村人才面临较大缺口，需要通过多种途径吸引人才回归乡村，为乡村发展提供智力支撑。但是，仅仅通过强调乡村建设行动吸引人才回流或者农民工返乡创业是难以实现的，还需要构建乡村人力资源支撑体系，引导和激励乡村人才回流乡村。然而，当前在推进乡村人才建设工作的过程中，政府主导的多，市场调节的少，导致人力资源配置效率较低，造成人才资源的闲置或浪费。所以，在全面推进乡村振兴的背景下，政府应该扮演政策制定、协调引导、服务辅助等角色，不断打破影响人才自由流动的主要障碍；而市场应该充分发挥市场机制在人力资源配置中的基础性作用，构建开放的和多元化的乡村人才市场体系，建立人才激励机制，引导人才向乡村流动，为乡村建设提供更多的人才支撑。因此，在乡村振兴对人才呈现出多元需求的趋势下，应该逐步建立和完善人才市场服务体系，充分发挥市场在人力资源配置中的基础性作用。

（三）资本：发挥市场在工商资本下乡中的促进作用

实施乡村振兴战略是解决我国农村发展不充分和城乡发展不平衡这一社会主要矛盾的关键举措，但就其实践而言，当前农村地区的产业发展相对滞后、人居环境亟须改善和乡村治理效能亟须加强，而这些问题的解决则需要投入大量的人力、物力和财力，其难度不亚于脱贫攻坚。因而仅仅依靠政府的专项资金投入是不够的，需要积极动员市场力量和社会力量共同参与，通过多种渠道筹集乡村振兴资金。基于此，在全面推进乡村振兴战略的背景下，需要充分发挥市场在工商资本下乡中的促进作用，以及国家资本在乡村振兴中的引领作用，从而带动更多的社会资本流入农村，以满足乡村振兴战略对乡村建设、产业发展和乡村治理的资金需求。

为了吸引和引导社会资本投资农业农村现代化建设，并对投资范围、投资对象等进行规范，农业农村部和国家乡村振兴局于2021年联合印发了《社会资本投资农业农村指引（2021年）》，该文件强调要尊重农民主体地位和遵循市场规律，切实发挥农民在乡村振兴中的主体地位，引导社会资本与农民建立紧密的利益联结机制，不断提升农民的获得感和幸福感。另外，还要充分发挥市场在资源配置中的决定性作用，更好地发挥政府在资本市场上的监管作用，引导社会资本注入农业农村领域，营造公平开放的市场竞争环境，为社会资本进入农业农村领域投资提供良好的法治环境、市场环境和制度环境，从而降低市场交易成本，有效挖掘工商资本在乡村振兴领域的投资重点，为乡村经济发展注入新的活力，从而增强乡村经济发展的内生动力。

另外，还需要明确的是，工商资本在参与乡村振兴时必须建立起包括利益分配机制、利益保障机制和利益调节机制在内的利益联结机制，工商资本在进入农村的过程中既要做到维护农民的合法权益，又不能损害工商企业的合法权益,这便对工商资本下乡参与乡村建设提出了很高的要求。因此,在工商资本下乡参与乡村建设的过程中,应该充分发挥市场在利益分配中的决定性作用,政府着重发挥监管作用,在其中应以提高农民组织化程度为着力点,不断完善市场监管机制和提高公共服务水平,从而推动社会资本有序下乡,促进城乡要素双向流动,助力全面乡村振兴目标的实现。

四、以城乡融合发展助力乡村振兴

党的十九届五中全会中提出"三农"工作重心要实现历史性转移,从集中资源支持脱贫攻坚转向全面推进乡村振兴,要强化"以工补农、以城带乡,推动形成工农互促、城乡互补、协调发展和共同繁荣的新型工农城乡关系",这一表述提出了新时期城乡关系发展的新定位和新方向,新型城镇化战略和乡村振兴战略则是新时期推动形成新型工农城乡关系的两大战略驱动,而城乡融合发展则是新型城镇化战略和乡村振兴战略协调推进的重要契合点,只有将乡村振兴放在新型工农城乡关系格局中去理解,从全局的角度来把握和理解乡村振兴,才能找到乡村振兴的工作方向,才能通过城乡融合发展的路径促进乡村全面振兴。

(一)城乡融合发展是实现农村现代化的必由之路

党的十九大报告中提出要实施乡村振兴战略的决策部署,并提出了"产业兴旺、生态宜居、乡风文明、治理有效、生活富裕"二十字总方针,这是贯彻落实党在新的历史时期坚持农业农村优先发展总方针和加快促进农业农村现代化的战略决策,而要实现这一战略目标,就必须与新型城镇化战略协调推进,加快建立健全城乡融合发展的体制机制和政策体系,通过城乡融合促进乡村振兴战略的优化。乡村振兴战略的提出是党在长期革命和建设过程中对中国现代化发展道路探索和总结的结果，当前我国的社会主要矛盾已经转化为人民日益增长的美好生活需要和不平衡不充分的发展之间的矛盾，而发展的最大不充分在农村，发展的最大不平衡是城乡之间的不平衡。由此可见，中国实现现代化的最大短板在农村，乡村振兴战略的提出也正是为了加快实现农业农村现代化，努力补齐农业农村现代化发展的短板，并强调要从产业振兴、生态振兴、文化振兴、组织振兴和人才振兴五个方面加快促进乡村全面发展，从而为实现农业农村现代化奠定基础，加快推进国家现代化建设。

新型城镇化战略背靠城市，面向农村，乡村振兴战略立足农村，依靠城市，而城乡融合发展正是这两大战略的结合点，更是促进这两大战略科学推进的平台和载体。在中国不同的发展阶段，对农村现代化的认识和把握不同，早期重点强调的是农业现代化，主张以工业化思维来搞现代农业，用机器大生产代替传统手工业生产，农业形态上要向更加科学化、集约化、市场化和规模化的方向发展。但是，近年来，我国对农村现代化的认识发生了重大变化，更加注重从整体上来理解农村现代化，不仅包括农业现代化，还包括农民现代化和农村现代化，而且现在所讲的农村现代化更加立体，内涵也更加丰富。城乡融合发展强调城乡实现互补，城市基本公共服务不断向乡村延伸，同时乡村也要为城市实现更好的发展提供生态产品和安全的农产品，以实现城乡互补和工农互促。从这个层面上讲，城市的发展离不开乡村，乡村的发展也离不开城市，城市与乡村是一种相互支撑关系，也是统一的有机体。因此，在思想上需要高度重视城乡融合发展对促进乡村振兴战略和新型城镇化战略有序推进的重大意义。另外，要提高新型城镇化的质量，加快推进农业农村现代化的步伐，也离不开乡村振兴战略的有效推进。但是，需要注意城乡融合并不是城乡一样化，而是要在消除长久以来形成的城乡二元结构的基础上，实现城乡居民共享基本公共服务建设成果；加快实现城乡基础设施互联互通，促进生产要素在城乡之间自由流动，共同促进城乡质量的提升。城乡融合的一个重要目的便是要让相对落后的农村地区发展起来，与城镇处于同一发展状态，才能有条件实现城乡融合。从这个层面上讲，促进城乡融合发展是实现农业农村现代化的必由之路。

（二）城乡融合发展是促进产业结构调整的基本路径

"三农"问题本质上是农业与二、三产业融合发展的结构性问题。如上所述，城乡融合发展强调的是城乡优势互补和城乡要素自由流动，城市拥有较为丰富的资本、技术和人才资源，而农村则拥有较为丰富的土地资源和生态资源，在城乡融合发展的背景下，可以通过打破影响城乡要素自由流动的体制机制障碍，促进城乡要素的自由流动，带动一、二、三产业融合发展，从而实现城乡产业结构的优化调整。同时，当前人民对美好生活的需求更加强烈，这种需求结构的变迁会对中国产业结构转型和农业生产率的提高产生显著影响。2020年为应对国内外经济发展的挑战，国家提出要构建以国内大循环为主体、国内国际双循环相互促进的新发展格局，在"经济双循环"发展理念之下，国内大循环必须立足国内，扩大内需，畅通循环，做强市场，充分发挥国内超大规模市场优势，释放国内消费潜能，而这巨大的消费市场便在广阔农村地区，乡村振兴战略的实施恰好可为"经济双循环"战略的落地实施提供重要的环境。因此，在构建经济发展新格局的背景下，农村地区将会迎来重大的历史性机遇，广阔的农村地区应该抓住这一战略机遇期，加快推进供给侧结构性改革，调整产业结构和优化产业布局，促进一、二、三产业融合发展。具体来讲，通过城乡融合发展战略来促进产业结构调整，需要从以下三个方面着手：

第一，以供给侧结构性改革为重点，推动农村产业结构调整。当前大部分农业产业仍然面临"产业链短、营销能力差、品牌效应不佳和商品价格低廉"等问题，严重制约着农业产业经济发展的质量，进而影响着整个乡村经济社会发展的水平。从供给侧结构性改革的角度来讲，应该继续加大对农业的投入力度，提升农业发展的集约化、精细化和规模化水平；培育更多的新型职业农民，为返乡返贫农民工创新创业提供政策环境和制度环境；发展多种形式的规模化经营，为农业企业提供基本公共服务，降低农业企业的生产成本；不断创新农民与农业产业之间的利益联结机制，促进农民增收方式从增产向提质方向转变；培育和认定一批地理标志产品，提高农产品的附加值，从而增强农产品的竞争力。另外，需要加快推进农业合作社的发展，促进农业合作社从生产型向经营型转变，充分发挥其组织农民的作用，实现农业产业的组织化、集约化和现代化生产与经营，加快高标准农田建设，在确保粮食安全的前提下，稳妥推进农业产业的升级换代。

第二，以现代农业为依托，加快促进一、二、三产业深度融合。农业作为第一产业，其产业链和附加值都相对较低，这决定了单独投资农业产业所获得利润相对较低，农民从事农业产业也将获得有限的收入。在乡村振兴的背景下，为加快实现产业兴旺和生活富裕的目标，就必须加快农业供给侧结构性改革，转变农业生产方式，促进一、二、三产业实现深度融合，并变革和创新农民与农业产业的利益联结机制，拓宽农民的增收渠道。各个村庄要依托本区域的特色资源，充分发挥本地区的优势，将资源优势转化成发展优势，做精做优区域农产品，从而提升农产品的附加值，并充分利用大数据和电商平台，延伸农业产业链，做强做大农业特色品牌，创新农产品的营销模式和展销形式，促进小农户与现代化市场的有效衔接。另外，要加快建设现代物流体系、农产品冷藏保鲜设施和其他农业基础设施，动员社会资本参与农业基本公共服务建设，利用好农村特有的资源优势，加快特色旅游资源的开发，促进农业产业与非农产业的深度融合。

第三，以"经济双循环"为发展契机，提升农村经济发展质量。"经济双循环"发展理念是国家为了应对国际国内经济发展新挑战而提出的事关全局的战略性安排，当前国际国内经济发展形势日益复杂，经济下行趋势明显，发展动力不足，为了应对经济形势的发展变化，国家适时提出了"经济双循环"的理念来构建经济发展新格局。在这一战略背景下，农村和农业也迎来了新的发展机遇。"经济双循环"强调要以国内大循环为主,而以国内大循环为主体则意味着要着力打通国内生产、分配、流通和消费的各个环节,发挥中国超大规模市场的优势,而这个超大规模市场的重点在农村。但当前的农村基础设施建设却相对滞后,如信息基础设施、物流基础设施、农业基本公共服务的落后严重制约着农村经济的发展,这些领域将成为未来投资的重点,也将成为拉动经济增长的主要板块。因此,在全面推进乡村振兴的背景下,要充分利用"经济双循环"发展战略带来的发展机遇和政策优势,加快促进农村经济高质量发展。

如上所述,城乡融合发展可以在促进农村产业结构调整、一二三产业融合发展和提升农村经济发展质量方面发挥重要作用。因此,在全面推进乡村振兴的背景下,要实现产业兴旺,就必须加快推进城乡融合的步伐,通过城乡融合发展促进产业结构调整。

(三)城乡融合发展是实现基本公共服务均等化的有效路径

基本公共服务均等化是新时期城乡融合发展之路的重要内容,当前中国的基本公共服务均等化水平还相对较低,尤其是在广大农村地区,其居民所享有的基本公共服务质量和水平,要低于东部地区和城镇地区,而在全面推进乡村振兴战略的背景下,要增强农村居民的获得感和幸福感,就必须加快实现基本公共服务均等化,而城乡融合则是实现基本公共服务均等化的一条有效路径。具体来讲,可以从以下三个方面着手:

第一,加快建设服务型政府,深化公共财政体制改革。为全体公民提供基本公共服务是政府不可推卸的责任,尤其是促进全体公民共享基本公共服务。但是,目前城乡居民所享有的基本公共服务水平却并不一致,基本公共服务差距被认为是城乡发展差距重要内容之一,其主要原因在于政府提供基本公共服务功能的"错位""越位"和"缺位",即政府提供的基本公共服务存在结构性矛盾，不能满足城乡居民发展的需求。因此，在快速推进新型城镇化和全面推进乡村振兴战略的背景下，应该不断明确政府提供基本公共服务的职能和范围，强化政府在供给城乡基本公共服务中的主体和主导作用，并且合理引导社会力量参与基本公共服务供给，为城乡居民提供更加多元化的基本公共服务。另外，还要不断加快公共财政体制机制改革，完善基本公共服务财政供给体制，优化中央和地方政府在提供基本公共服务上的成本分担机制，实现中央政府与地方政府的优势互补，进而实现基本公共服务供给的结构优化，确保城乡居民能够享受到均等化的基本公共服务。

第二，构建城乡一体化的基本公共服务供给制度。长期以来形成的城乡二元发展结构是影响城乡基本公共服务难以实现均等化的主要制度障碍，这一制度障碍不破除，城乡基本公共服务均等化则难以实现。虽然，近年来我国不断将工作重心向保障民生和促进城乡一体化方向倾斜，但城乡发展的差距依旧存在，尤其是城乡居民所享有的基本公共服务之间的差距。为了消除这一发展差距，促进发展成果由人民共享，就必须加快构建起城乡一体化的基本公共服务供给制度。首先，应该不断促进城乡公共教育均衡化发展。当前城乡教育差距较大，无论是教育基础设施，还是师资力量和教育质量等方面，农村与城市相比较都存在较大差距，未来应该将公共教育首先纳入城乡基本公共服务一体化的范畴。其次，要加快实现城乡公共卫生一体化，继续加大对农村卫生事业的财政支持力度，借助数字化和智能化平台，实现远程诊疗的覆盖范围和质量，促进农村居民能够同步共享高质量的医疗资源。最后，促进城乡社会保障体系一体化发展，当前虽已实现城乡居民基本养老保险的合并，但在其他社会保障项目上城乡居民之间还存在较大差距，未来应该继续加大改革力度，促进城乡社会保障体系的一体化发展。

第三，构建以政府为主导的多元化公共服务供给机制。提供基本公共服务的责任在政府，这是不可推卸的政治责任，但是仅仅依靠政府的力量来提供基本公共服务，其提供的种类和覆盖范围则显得非常有限，并不能满足城乡居民日益多样化的需求和非均衡的现状。因此，就需要构建起社会力量参与基本公共服务供给的机制，基本公共服务供给的政治责任应该由政府承担，而基本公共服务的生产可以委托给市场主体或社会组织，政府可通过购买服务的形式向全体公民提供，以满足公民多样化的发展需求。另外，伴随着需求的多样化，基本公共服务供给的质量和数量也需要相应得到提高，但仅仅依靠政府的财政力量，难以满足巨大的需求，这就需要动员社会资本和社会组织参与生产，构建多元化的参与和生产机制，逐渐打破基本公共服务供给的垄断地位，实现基本公共服务供给的市场化改革，优化政府在基本公共服务领域的职能，提高基本公共服务的供给效率和专业化水平，以满足城乡居民多样化的发展需求。因此，在城乡融合发展的背景下，就需要加快构建起以政府为主导的多元化公共服务供给机制。

（四）城乡融合发展是有效破解城乡二元结构的关键路径

城市与乡村是一个统一的有机体，城乡关系是最基本的经济社会关系，这一对关系只有实现可持续和协调发展，才能促进城乡社会的良性发展。中华人民共和国成立以来70多年，城乡关系先后经历了"城乡分治—对立缓和—城乡统筹—城乡融合"的发展历程，尤其是改革开放以来40多年，我国城乡格局发生了重大变化，这种格局的变化对促进我国经济社会发展和提高城乡居民生活水平发挥了重要作用。但是，也要看到当前我国城乡发展仍然存在较大差距，在公共教育、医疗卫生、社会保障和公共基础设施等领域，城乡二元结构问题还比较突出。因此，在全面推进乡村振兴战略的背景下，要通过走城乡融合发展之路来加快破除城乡二元结构，促进城乡实现协调发展。通过走城乡融合发展之路，来加快破除城乡二元发展结构，主要从以下三个方面入手：

首先，要树立科学的城乡融合发展理念。城乡融合发展强调要将新型城镇化战略与乡村振兴战略相统筹，破除城市中心主义思维，充分认识到乡村在社会经济发展中的价值，从整体性治理视角和系统性发展角度出发，尊重农村发展的主体地位，坚持城乡一体发展理念，构建起促进城乡要素自由流动的体制机制和政策体系，从基本公共服务均等化、社会保障一体化等角度提出城乡融合发展的路径。

其次，健全城乡要素的自由流动机制。加快推进城乡融合发展之路就需要加快促进生产要素在城乡之间的自由流动，积极引导资本、人才、技术和数据等要素向乡村流动，加快形成城乡要素均衡配置的发展格局。同时，围绕要素供给，抓住关键环节，坚决破除一切不合时宜的体制机制障碍，将有志于进行农村建设的青年人引回农村，并创造就业机会，为他们干事创业提供良好的平台和环境，从而通过乡村人才激活其他要素。

最后，构建城乡产业发展的协同机制。要抓住"经济双循环"战略发展的机遇期，加快调整产业结构和产业布局，并对乡村地区进行有效投资和持续开发，关键在于破解城乡二元发展结构的制度障碍，促进资源要素在城乡之间的自由流动，实现乡村全面振兴。

综上所述，从权利、公平和效率三个视角讨论了城乡融合发展对于促进乡村振兴的重大意义，对促进乡村振兴战略的优化起到政策借鉴意义。乡村振兴是新时代党"三农"工作的重心，也是做好"三农"工作的重要抓手，全面推进乡村振兴战略更是新时代促进农业农村现代化的必然选择，而城乡融合发展则是促进乡村振兴战略和新型城镇化战略优化的现实路径。因此，在脱贫攻坚向乡村振兴过渡的重要时期，必须走城乡融合发展之路，才能促进乡村振兴战略的有序推进。

第六章

结语与展望

乡村振兴战略的总目标是实现农业农村现代化，从乡村发展变迁的视角来看，乡村振兴战略与20世纪30年代，以晏阳初、梁漱溟为代表的一批先进知识分子在中国大地上掀起的乡村建设运动，以及21世纪初，我国党和政府推动的社会主义新农村建设，实际上是一脉相承的关系。20世纪30年代开展的乡村建设运动，其主要目标在于探索中国农村向何处发展和如何发展的问题，即中国农村的命运问题，他们的实践探索给后世中国促进农村发展提供了参考。而中华人民共和国成立以后，党和政府不断加快恢复社会经济发展，在农村领域实施了一系列改革。进入21世纪，为促进乡村更快发展，加快满足人民群众的物质需求，提出要在农村开展社会主义新农村建设，通过国家推动加快农村社会经济发展，关注的主要目标是乡村如何更快发展。而到了党的十九大以后，我国社会主要矛盾发生变化，已经转化为人民日益增长的美好生活需要和不平衡不充分的发展之间的矛盾，我国的社会生产力水平得到显著提高，制约我国发展的主要问题已经转变为发展不平衡不充分，由此党的十九大适时提出乡村振兴战略，这一事关农村发展的重大战略，其核心关切的是促进农村更好更高质量发展。因此，可以将乡村振兴放置到一般性的乡村发展问题中去看待，与乡村建设运动、社会主义新农村建设共同构成了中国在追求农业农村现代化过程中三个不同阶段的实践。

　　当前正处在巩固拓展脱贫攻坚成果同乡村振兴有效衔接的关键阶段，确保不发生规模性返贫是推进乡村振兴战略的底线任务，从而为全面推进乡村振兴战略奠定基础。全面推进乡村振兴战略强调的不是单一村庄的振兴，而是城乡融合视角下乡与村的协同发展，强调要结合新型城镇化战略，走城乡融合发展之路。新型城镇化战略是在对欧美城镇化发展道路反思基础上提出的，强调要走以城乡融合、产业互动、生态宜居、和谐发展为主要特点的城镇化发展之路，这一发展道路的核心理念是强调"以人为本"，将"以人为本"的理念贯穿在城镇化发展的全过程和全阶段，而政府在此过程中将承担更多基础设施建设、公共服务和社会保障等社会治理任务。城乡融合发展是促进乡村振兴战略和新型城镇化战略协同发展的重要途径，而促进城乡基本公共服务均等化则是城乡融合发展的重点领域，因为基本公共服务是人们生存与发展的基础性条件。促进城乡居民共享经济社会发展成果的重要方式之一，便是促进基本公共服务在城乡居民之间实现共享。具体来讲，政府要促进乡村振兴战略和新型城镇化战略的协同发展，在进行基本公共服务规划时，要考虑人口空间布局和区域发展差异，依据不同地区经济社会发展水平为社会成员提供与之相适应的、基本的和能够体现公平正义原则的大致均等的基本公共服务，其核心是确保公民获取基本公共服务的机会均等，进而确保社会的公平正义。

从城乡融合的路径来看乡村振兴战略，除了加快促进城乡基本公共服务均等化以外，重要的是建立起保障城乡融合发展的体制机制，促进城乡要素自由流动。这一机制主要包括城乡要素合理配置的政策机制、城乡基本公共普惠共享机制、城乡基础设施一体化发展机制、乡村经济多元化发展的政策机制和农民收入持续增长机制。其中城乡要素合理配置机制主要包括农业专业人口市民化制度、城市人口下乡激励制度、农村承包地的改革与完善制度、农村宅基地制度、集体经营性建设用地入市制度、资金整合与财政保障制度、工商资本下乡转化与收益分配制度等方面；城乡基本公共普惠共享机制主要包括城乡教育资源均衡配置、城乡医疗卫生服务和城乡公共文化服务体系等方面；城乡基础设施一体化发展机制主要包括城乡基础设施一体化规划、建设、管护机制；乡村经济多元化发展的政策机制强调要持续完善农业支持保护制度、新产业新业态培育机制和城乡产业协同发展平台等；农民收入持续增长机制包括营造农民工工资性收入增长环境、农民经营性收入增长和农民转移性收入增长等。如上所述，要在城乡融合视角下促进乡村振兴战略优化，就需要在以上这些方面实现互动和互嵌，加快构建起促进城乡融合发展的政策机制，为推进乡村振兴战略和新型城镇化战略协同发展提供政策保障。

城市居民和农村居民均有分享经济社会发展成果的权利，在城乡融合发展背景下应该秉持城乡等值的观念，深刻认识城与乡的独特价值，构建"共存共荣"的新型工农城乡发展道路，从而确保发展成果在城乡居民间共享。但要想加快实现发展成果在城乡居民间的共享，就必须加快破除阻碍城乡融合发展的制度障碍，尤其是二元户籍制度障碍、城乡要素双向流动的制度障碍和影响基本公共服务均等化的制度障碍，这些制度的破除将更加有利于促进城乡居民公平分享经济社会发展成果。同时，城乡居民能够共享发展成果的前提基础是发展，要充分发挥市场在城乡资源配置中的基础性作用，通过构建城乡统一的建设用地市场，发挥市场在人才流动中的激励作用和市场在工商资本下乡过程中的促进作用。如上所述，城乡融合发展是实现农业农村现代化的必由之路，也是促进产业结构调整的基本路径，更是实现基本公共服务均等化的有效路径，由此未来必须协调推进乡村振兴战略和新型城镇化战略，走城乡融合发展之路。

参考文献

[1]陈乃一. 福利治理视域下农村低保政策执行研究——以泉州市泉港区为例[D].华侨大学,2020.

[2]叶超,高洋. 新中国70年乡村发展与城镇化的政策演变及其态势[J]. 经济地理,2019,39(10):139-145.

[3]王振坡,韩祁祺,王丽艳. 习近平新时代中国特色社会主义城乡融合发展思想研究[J]. 现代财经(天津财经大学学报),2019,39(09):3-11.

[4]金三林,曹丹丘,林晓莉. 从城乡二元到城乡融合——新中国成立70年来城乡关系的演进及启示[J]. 经济纵横,2019(08):13-19.

[5]高新宇. 农村合作医疗70年:回顾、问题与展望——基于社会变迁视角[J]. 福建论坛(人文社会科学版),2019(08):164-175.

[6]张海鹏. 中国城乡关系演变70年:从分割到融合[J]. 中国农村经济,2019(03):2-18.

[7]陆林,任以胜,朱道才,程久苗,杨兴柱,杨钊,姚国荣. 乡村旅游引导乡村振兴的研究框架与展望[J]. 地理研究,2019,38(01):102-118.

[8]孙淑云,任雪娇. 中国农村合作医疗制度变迁[J]. 农业经济问题,2018(09):24-32.

[9]陈龙. 新时代中国特色乡村振兴战略探究[J]. 西北农林科技大学学报(社会

科学版),2018,18(03):55-62.

[10]黄祖辉. 准确把握中国乡村振兴战略[J]. 中国农村经济,2018(04):2-12.

[11]朱启臻. 激活乡村价值 方能留住美丽"乡愁"[J]. 中华建设,2018(02):8-11.

[12]陈锡文. 实施乡村振兴战略,推进农业农村现代化[J]. 中国农业大学学报(社会科学版),2018,35(01):5-12.

[13]唐任伍. 新时代乡村振兴战略的实施路径及策略[J]. 人民论坛·学术前沿,2018(03):26-33.

[14]张祝平. 乡村振兴 战略之举[J]. 哈尔滨市委党校学报,2017(06):5-8.

[15]李小云. 东西部扶贫协作和对口支援的四维考量[J]. 改革,2017(08):61-64.

[16]刘维奇,韩媛媛. 城乡非农就业结构、人口转移方式与城镇化水平的关系——基于中国数据的研究[J]. 统计与信息论坛,2014,29(08):85-92.

[17]黄杉,武前波,潘聪林. 国外乡村发展经验与浙江省"美丽乡村"建设探析[J]. 华中建筑,2013,31(05):144-149.

[18]杨华,王会. 重塑农村基层组织的治理责任——理解税费改革后乡村治理困境的一个框架[J]. 南京农业大学学报(社会科学版),2011,11(02):41-49.

[19]王海燕,修宏方,唐钧. 中国城乡最低生活保障制度:回顾与评析[J]. 哈尔滨工业大学学报(社会科学版),2011,13(02):22-27.

[20]郭秀兰. 我国农村义务教育阶段贫困学生资助制度的回顾、问题及对策研究[J]. 陕西教育学院学报,2010,26(02):12-15,59.

[21]郑蕾,郑少锋. 中国农村合作医疗的演进与反思[J]. 西北大学学报(自然科学版),2010,40(02):359-364.

[22]韩俊. 中国城乡关系演变60年:回顾与展望[J]. 改革,2009(11):5-14.

[23]吴江,张艳丽. 家庭联产承包责任制研究30年回顾[J]. 经济理论与经济管理,2008(11):43-47.

[24]武力. 论改革开放以来中国城乡关系的两次转变[J]. 教学与研

究,2008(10):12-18.

[25]龚建文. 从家庭联产承包责任制到新农村建设——中国农村改革30年回顾与展望[J]. 江西社会科学,2008(05):229-238.

[26]许庆. 家庭联产承包责任制的变迁、特点及改革方向[J]. 世界经济文汇,2008(01):93-100.

[27]洪银兴. 工业和城市反哺农业、农村的路径研究——长三角地区实践的理论思考[J]. 经济研究,2007(08):13-20.

[28]党国英. 废除农业税条件下的乡村治理[J]. 科学社会主义,2006(01):44-47.

[29]董江爱. 税费改革与乡村治理[J]. 经济问题,2004(10):49-50.

[30]辛逸. 试论人民公社的历史地位[J]. 当代中国史研究,2001(03):27-40.

[31]蒋和胜. 农产品价格形成机制改革的回顾与思考[J]. 经济理论与经济管理,1999(03):66-68.

[32]徐勇. 论中国农村"乡政村治"治理格局的稳定与完善[J]. 社会科学研究,1997(05):33-37.

[33]费孝通. 论中国小城镇的发展[J]. 中国农村经济,1996(03):3-5, 10.

[34]费孝通. 农村、小城镇、区域发展——我的社区研究历程的再回顾[J]. 北京大学学报(哲学社会科学版),1995(02):4-14, 127.

[35]刘旭明. 市场经济进程中的农产品价格理论[J]. 价格理论与实践,1993(10):7-16.

[36]薄一波. 农业"大跃进"的发动[J]. 农村经营管理,1993(10):40-42.

[37]马凯. 进一步深化农产品价格改革[J]. 中国物价,1992(11):5-8.

[38]严瑞珍,龚道广,周志祥,毕宝德. 中国工农业产品价格剪刀差的现状、发展趋势及对策[J]. 经济研究,1990(02):64-70.

[39]李国庆,钟庭军.中国住房制度的历史演进与社会效应[J].社会学研究,2022,37(04):1-22, 226.

[40]魏晓辉,刘亚荣,赵延安.新型城镇化建设中失地农民美好生活的影响因素

[J].西北农林科技大学学报(社会科学版),2022,22(04):72-83.

[41]单卓然,张馨月,黄亚平,沈雪涵.家庭视角下"进县求学型"城镇化的微观特征解析[J].城市发展研究,2022,29(06):133-140.

[42]文丰安.新型城镇化建设中的问题与实现路径[J].北京社会科学,2022(06):101-107.

[43]曾国军,徐雨晨,王龙杰,钟淑如.从在地化、去地化到再地化:中国城镇化进程中的人地关系转型[J].地理科学进展,2021,40(01):28-39.

[44]王博雅,张车伟,蔡翼飞.特色小镇的定位与功能再认识——城乡融合发展的重要载体[J].北京师范大学学报(社会科学版),2020(01):140-147.

[45]王志锋,张维凡,朱中华.中国城镇化70年:基于地方政府治理视角的回顾和展望[J].经济问题,2019(07):1-8.

[46]张英男,龙花楼,马历,屠爽爽,陈坤秋.城乡关系研究进展及其对乡村振兴的启示[J].地理研究,2019,38(03):578-594.

[47]陈晓莉,吴海燕.创新城乡融合机制:乡村振兴的理念与路径[J].中共福建省委党校学报,2018(12):54-60.

[48]李通屏.中国城镇化四十年:关键事实与未来选择[J].人口研究,2018,42(06):15-24.

[49]刘景华.农村城镇化:欧洲的经历与经验[J].历史教学问题,2018(01):18-27,138.

[50]夏柱智,贺雪峰.半工半耕与中国渐进城镇化模式[J].中国社会科学,2017(12):117-137.

[51]周晓虹.产业转型与文化再造:特色小镇的创建路径[J].南京社会科学,2017(04):12-19.

[52]刘斯敖,张学文.新型小城镇与产业集聚耦合创新管理研究——以浙江为例[J].浙江工商大学学报,2017(01):98-102.

[53]姬超.西欧近代城市化的路径差异及其对中国的启示——基于英、法、

德三国城市化的比较[J].经济与管理研究,2016,37(03):29-37.

[54]王景新.中国农村发展新阶段:村域城镇化[J].中国农村经济,2015(10):4-14.

[55]翟国方.欧洲城镇化研究进展[J].国际城市规划,2015,30(03):14-18.

[56]周飞舟,王绍琛.农民上楼与资本下乡:城镇化的社会学研究[J].中国社会科学,2015(01):66-83,203.

[57]马孝先.中国城镇化的关键影响因素及其效应分析[J].中国人口·资源与环境,2014,24(12):117-124.

[58]石忆邵,杭太元.我国城乡一体化研究的近期进展与展望[J].同济大学学报(社会科学版),2013,24(06):50-57.

[59]张鸿雁.中国新型城镇化战略面临的十大难题及对策创新[J].探索与争鸣,2013(11):13-16.

[60]刘永强,苏昌贵,龙花楼,侯学钢.城乡一体化发展背景下中国农村土地管理制度创新研究[J].经济地理,2013,33(10):138-144.

[61]蔡秀玲.中国城镇化历程、成就与发展趋势[J].经济研究参考,2011(63):28-37.

[62]艾智科,黄发林.现代田园城市:统筹城乡发展的一种新模式——以成都为例[J].城市发展研究,2010,17(03):131-133.

[63]李辉,刘春艳.日本与韩国城市化及发展模式分析[J].现代日本经济,2008(04):46-50.

[64]漆畅青,何帆.亚洲国家城市化的发展及其面临的挑战[J].世界经济与政治,2004(11):48-53,6.

[65]中共中央文献研究室.十八大以来重要文献选编（上）[M].北京：中央文献出版社，2014：115.

[66]新华社.决胜全面建成小康社会 夺取新时代中国特色社会主义伟大胜利——在中国共产党第十九次全国代表大会上的报告[EB/OL].(2017-10-08)[2022-08-10].http://www.gov.cn/zhuanti/2017-10/18/content_5232613.htm.

[67]国务院."十三五"推进基本公共服务均等化规划[EB/OL].(2017-03-01)[2022-08-10].

[68]国务院."十四五"规划和2035远景目标的发展环境、指导方针和主要目标[EB/OL].(2021-03-05)[2022-08-10].

[69]张乐天.告别理想：人民公社制度研究[M].上海：东方出版中心，1998：56.

[70]中共中央文献研究室.十七大以来重要文献选编（上）[M].北京：中央文献出版社，2011：73.

[71]奥尔森.集体行动的逻辑[M].上海：上海人民出版社，1995：34.

[72]国务院.关于基础教育改革与发展的决定[EB/OL].(2006-10-13)[2022-08-10].

[73]教育部.关于进一步推进义务教育均衡发展的若干意见[EB/OL].（2015-06-13）[2022-08-10].

[74]张侃.效率与公平的博弈：我国义务教育政策变迁70年[J].教育与教学研究，2020，34(06)：25-38.

[75]李书磊.村落中的国家——文化变迁中的乡村学校[M].杭州：浙江人民出版社，1999：102.

[76]范逢春.城乡基本医疗卫生服务均等化的制度变迁与治理反思——基于倡导联盟框架的分析[J].中共宁波市委党校学报，2020，42(02)：5-14.

[77]葛延风，贡森等.中国医改：问题·根源·出路[M].北京：中国发展出版社，2007：45.

[78]国务院.职工医疗保险制度设想（草案）[EB/OL].(2022-02-18)[2022-08-10].

[79]李磊，李连友.从碎片到整合：中国社会保障治理的进程与走向——基于"理念—主体—路径"的分析框架[J].经济社会体制比较，2021(01)：1-10.

[80]郭庆旺，贾俊雪.中央财政转移支付与地方公共服务提供[J].世界经

济，2008(09)：74-84.

[81]胡斌，毛艳华．转移支付改革对基本公共服务均等化的影响[J]．经济学家，2018(03)：63-72.

[82]财政部．关于2019年中央和地方预算执行情况与2020年中央和地方预算草案的报告[EB/OL].(2020-05-30)[2022-08-10].http：//www.gov.cn/xinwen/2020–05/30/content_5516231.htm.

[83]周黎安．中国地方官员的晋升锦标赛模式研究[J]．经济研究，2007(07)：36-50.

[84]庞保庆，王芳．中国弹性任期规则与公共品供给——基于县级政府数据的实证研究[J]．中国经济问题，2019(06)：72-85.

[85]桂华．项目制与农村公共品供给体制分析——以农地整治为例[J]．政治学研究，2014(04)：50-62.

[86]王海娟．项目制与农村公共品供给"最后一公里"难题[J]．华中农业大学学报（社会科学版），2015(04)：62-67.

[87]刘祖华．农村"一事一议"的实践困局与制度重构[J]．甘肃理论学刊，2007(05)：98-101.

[88]张帆，吴俊培，龚旻．财政不平衡与城乡公共服务均等化：理论分析与实证检验[J]．经济理论与经济管理，2020(12)：28-42.

[89]王延中．中国"十三五"时期社会保障制度建设展望[J]．辽宁大学学报（哲学社会科学版），2016，44(01)：1-14.

[90]钟裕民．城乡基本公共服务融合发展的机制障碍与消解路径[J]．中国延安干部学院学报，2020，13(04)：76-82.

[91]邹一南．从二元对立到城乡融合:中国工农城乡关系的制度性重构[J]．科学社会主义，2020, 195(3): 125-130.

[92]何仁伟．城乡融合与乡村振兴:理论探讨、机理阐释与实现路径[J]．地理研究, 2018, 37(11): 2127-2140.

[93]高耿子. 从二元分割到城乡融合发展新思路——中国农村经济高质量发展研究[J]. 现代经济探讨, 2020, 457(1): 108-116.

[94]李爱民. 我国城乡融合发展的进程、问题与路径[J]. 宏观经济管理, 2019, 422(2): 35-42.

[95]杨发祥,杨发萍. 乡村振兴视野下的新型城乡关系研究——一个社会学的分析视角[J]. 人文杂志, 2020, 287(3): 119-128.

[96]赵早. 乡村振兴视域下城乡融合发展的逻辑与路径探析[J]. 学习论坛, 2020, 428(8): 34-40.

[97]罗明忠,刘子玉. 要素流动视角下新型工农城乡关系构建：症结与突破[J]. 农林经济管理学报, 2021, 20(1): 10-18.

[98]张海鹏. 中国城乡关系演变70年:从分割到融合[J]. 中国农村经济, 2019, 411(3): 2-18.

[99]曹静晖. 基本公共服务均等化的制度障碍及实现路径[J]. 华中科技大学学报(社会科学版), 2011, 25(1): 48-52.

[100]项继权. 基本公共服务均等化:政策目标与制度保障[J]. 华中师范大学学报(人文社会科学版), 2008, 191(1): 2-9.

[101]张广辉,陈鑫泓. 乡村振兴视角下城乡要素流动困境与突破[J]. 经济体制改革, 2020, 222(3): 195-200.

[102]杨振,韩磊. 城乡统一建设用地市场构建：制度困境与变革策略[J]. 学习与实践, 2020, 437(7): 27-34.

[103]黄贤金. 论构建城乡统一的建设用地市场体系——兼论"同地、同权、同价、同责"的理论圈层特征[J]. 中国土地科学, 2019, 33(8): 1-7.

[104]戴双兴,李建建. 建立城乡统一的建设用地市场:前提、步骤及保障[J]. 中国特色社会主义研究, 2014, 119(5): 59-63.

[105]李永乐,舒帮荣,石晓平. 城乡建设用地市场:分割效应、融合关键与统一路径[J]. 南京农业大学学报(社会科学版), 2017, 17(3): 103-111, 158-159.

[106]沈开举,邢昕. 加快建立城乡统一的建设用地市场[J]. 人民论坛, 2019, 645(27): 116–117.

[107]蒋意春,李春茂. "市场失灵"与"人才保护"[J]. 企业经济, 2007, 321(5): 141–143.

[108]石洪斌. 谁来振兴乡村?——乡村振兴人力资源支撑体系的构建[J]. 治理研究, 2019, 35(6): 115–121.

[109]李敏. 市场和政府在人才资源配置中的作用研究[J]. 辽宁省社会主义学院学报, 2017, 71(2): 81–88.

[110]胡中应. 社会资本视角下的乡村振兴战略研究[J]. 经济问题, 2018(5): 53–58.

[111]周冲. 国家资本要在乡村振兴中发挥引领作用[J]. 西安财经学院学报, 2019, 32(2): 81–87.

[112]涂圣伟. 工商资本参与乡村振兴的利益联结机制建设研究[J]. 经济纵横, 2019, 400(3): 23–30.

[113]许经勇. 新时代城乡融合发展的若干思考[J]. 学习论坛, 2020, 421(1): 32–37.

[114]蒋永穆. 从"农业现代化"到"农业农村现代化"[J]. 红旗文稿, 2020, 413(5): 30–32.

[115]郭津佑,石白玉,萧洪恩. 乡村振兴:中国现代化道路探索的新成果[J]. 贵州民族研究, 2018, 39(12): 1–8.

[116]马晓河. 构建优先发展机制推进农业农村全面现代化[J]. 经济纵横, 2019, 399(2): 1–7, 137.

[117]卓玛草. 新时代乡村振兴与新型城镇化融合发展的理论依据与实现路径[J]. 经济学家, 2019, 241(1): 104–112.

[118]颜色,郭凯明,杭静. 需求结构变迁、产业结构转型和生产率提高[J]. 经济研究, 2018, 53(12): 83–96.

[119]高洪波.城乡融合视域中的城乡基本公共服务供给与创新——基于新技术变革逻辑[J].人民论坛·学术前沿,2021,210(2):74-83.

[120]麻宝斌,季英伟.中国基本公共服务均等化改革分析[J].社会科学战线,2009,174(12):162-167.

[121]吴根平.统筹城乡发展视角下我国基本公共服务均等化研究[J].农村经济,2014,376(2):12-16.

[122]阿布都瓦力·艾百,吴碧波,玉素甫·阿布来提.中国城乡融合发展的演进、反思与趋势[J].区域经济评论,2020,44(2):93-102.

[123]韩俊.破除城乡二元结构 走城乡融合发展道路[J].中国果业信息,2018,35(11):3.

[124]金三林,曹丹丘,林晓莉.从城乡二元到城乡融合——新中国成立70年来城乡关系的演进及启示[J].经济纵横,2019,405(8):13-19.

后 记

乡村振兴与城乡融合发展均是国家确定的发展战略，二者对加快实现农业农村现代化具有十分重要的意义。改革开放以来，尤其是党的十八大以来，我国在统筹城乡发展、推进新型城镇化方面取得了显著进展，但仍然面临城乡要素流动不顺畅、公共资源配置效率低和人口城镇化率低等影响城镇化建设步伐的关键问题，影响城乡融合发展的体制机制障碍尚未破除。基于此，党的十九大作出了重大决策部署，要求加快建立健全城乡融合发展体制机制和政策体系，理顺新型城乡关系，走城乡融合发展之路，并处理好与乡村振兴战略的关系，以县域为重要载体，实现城乡融合发展与乡村振兴战略的互动互促。

党的十九大报告中提出要"建立健全城乡融合发展体制机制和政策体系，加快推进农业农村现代化"，随后，《中共中央 国务院关于建立健全城乡融合发展体制机制和政策体系的意见》（以下简称《意见》）发布，此《意见》中指出：到2022年，城乡融合发展体制机制初步建立；到2035年，城乡融合发展体制机制更加完善；到本世纪中叶，城乡融合发展体制机制成熟定型。《意见》对城乡融合发展的阶段划分与乡村振兴战略的阶段划分相吻合，这也从另一个侧面说明，城乡融合与乡村振兴的战略目标基本一致，均是为了加快推进农业农村现代化。另外，2022年中共中央办公厅、国务院办公厅印发了《关于推进以县城为重要载体的城镇化建设的意见》，此文件的发布为新时期推进县域城镇化提供了指导方向，也为促进城乡融合发展指明了政策方向。未来这两大战略将迎来重要窗口期，在实施中应该协调推进乡村振兴战略和新型城镇化战略，以缩小城乡发展差距和居民生活水平差距为目标，加快革除体制机制弊端，推动城乡要素自由流动，提升公共资源配置效率，加快形成工农互促、城乡互补、全面融合、共同繁荣的新型工农城乡关系，更好地推进农业农村现代化。在全面推进乡村振兴战略和全面实施城乡融合发展战略之际，本课题组开展了关于"乡村振兴与城乡融合发展"的研究。

《乡村振兴与城乡融合发展》是《中国乡村振兴前沿问题研究丛书》中的一种，该丛书由中国农业大学国家乡村振兴研究院牵头发起，西北农林科技大学人文社会发展学院和黄河流域乡村振兴研究与评估中心主要负责《乡村振兴与城乡融合发展》的研究和撰写工作。课题研究主要从理论探索、政策文本分析、资料搜集提炼和实地调查四个方面开展工作，对乡村振兴与城乡融合的时代主题、乡村振兴与城乡融合发展的实践探索、乡村振兴与城乡融合的重点领域、乡村振兴与城乡融合的政策机制和政策体系、城乡融合战略视角下的乡村振兴战略优化等方面进行了集中讨论。本书的主要观点和主要结论如下：

第一，中华人民共和国成立至改革开放前的城乡关系呈现出"城乡分治"的二元对立样态，这一时期，在毛泽东等中央领导人的领导下，对新中国成立初期的情况作出了精确的判断与定位，通过合作社运动、"一化三改"等途径促进了新中国成立初期工农业的发展，实现了国民经济的快速恢复与发展，虽然这一阶段工业化的发展是以暂时牺牲农业的方式实现，但这也是在顺应新中国成立初期具体国情的基础上作出的精准发展策略，这一阶段工业化的发展为后期工业反哺农业、城市支持乡村奠定了坚实的物质基础与组织保障。随着改革开放浪潮的掀起，国家逐渐转变传统汲取农业剩余资源、过度干预人口流动等限制政策，顺应时代发展的潮流，重新定位并调整了我国的城乡关系，这一阶段，城乡二元分割的结构逐渐松动。十六大以来，乡村的发展进入了新阶段，特别是进入新世纪，中央作出建设社会主义新农村重大决定，通过取消农业税、大力完善支农惠农政策等措施助力乡村建设，实现城乡统筹一体化发展，努力推动"工业反哺农业，城市支持乡村"。进入新时代以来，为进一步巩固与拓展精准扶贫成效，国家提出乡村振兴战略，将乡村发展与城乡融合提升到国家发展的战略高度。由此可见，在不同的历史背景下，国家对农村发展、乡土建设、城乡融合提出了不同的见解，进行了不同的实践，也为今后我国乡村发展与城乡融合发展提供了宝贵的思想财富。

第二，城镇化是将生活于农村中的个人或群体市民化，也是指农村人口转变为城镇人口的过程，从而实现农村地域的城市生活与文明的非农化改造。中国自改革开放以来，突破了城乡二元体制格局，逐步建立了市场经济体制，促使农村人口向城镇地区大规模流动，推动了中国城镇化与城乡融合发展。中国在探索城镇化发展道路的过程中，提出了许多富有卓见且符合国情的城镇化模式与理论，如费孝通提出的小城镇发展理论、新型城镇化发展模式、半工半耕与渐进城镇化发展等。在理解美国、欧洲与亚洲其他国家城镇化发展模式的基础之上，梳理中国城镇化与城乡融合发展的探索历程，进而理解中国城镇化与城乡融合的创新机制，并提出"城市乡村化"与"乡村城镇化"这对创新理论命题。中国的城镇化发展在党的领导与各级政府、人民群众的共同努力之下，走出了一条与世界其他国家城镇化发展截然不同的道路，既体现着中国特色社会主义制度的优越性，又体现着中国共产党以人民利益为核心，全心全意为人民服务的本质。

第三，从总体来看，基本公共服务均等化是人们生存和发展最基本条件的均等。具体来讲，政府要在一定的经济社会发展水平基础上为社会成员提供与之相适应的、基本的、能够体现公平正义原则的大致均等的公共产品和服务。经过党和全国各族人民的共同努力，我国基本公共服务在"十三五"期间取得了长足进步，在教育、医疗、就业、养老等重点民生领域获得的成就尤为突出，更快速、切实地解决了老百姓最为关注的问题，社会主义的制度优势得到了进一步体现。尤其是随着精准扶贫精准脱贫战略在全国范围内的快速推进，农村地区的水电、道路、网络、教育、医疗、养老等方面都得到了明显改善，

"两不愁三保障"的政策要求,更是让农村贫困家庭得到了真正的实惠,在一定程度上缩小了城乡发展差距。但从整体来看,城乡间的公共服务供给依然存在差距,尤其是在中西部地区,基本公共服务体系不健全、供给方式错位等问题依然在某种程度上制约着乡村发展。本书重点关注了乡村基本公共服务差别化的表现及其成因,并力图探究优化机制。

第四,在新发展阶段讨论城乡融合发展的问题时,我们不能遗忘城乡关系的历史发展阶段,从中华人民共和国成立以来,城乡就逐步采用了不同的机制体制,最终形成了城乡二元的社会结构与体制结构。尽管从产业和市场要素的角度看,城乡差异化发展是一种全球性的普遍现象,但是政策导向与实施叠加下的城乡发展分化则打下了大量的政策动力的烙印。在无法通过短期内自然变迁实现城乡发展差距、群体发展差距和区域发展差距缩小的背景下,通过建构一系列体系化的政策框架和机制将是实现城乡融合发展、缩小城乡发展差距并推动共同富裕目标实现的重要路径。《中共中央 国务院关于建立健全城乡融合发展体制机制和政策体系的意见》是推动城乡融合发展的统揽性政策框架与体系,推动城乡融合发展的具体政策也都在该政策框架下得到不断丰富和完善。要在实质意义上推动城乡融合发展,还需从多方面破解城乡非均衡的发展模式与政策机制,这主要体现在如下几个方面:一、需要改变以往城乡之间不合理要素配置政策,改变以往人口、土地、资金、金融服务和科技成果等要素单向度倾斜城市的状况;二、需要改变城乡之间公共服务供给数量不均衡、质量存在差异的情况,实现城乡公共服务的均等化;三、需要改变当前阶段城乡分割的基础设施建设机制,在规划、建设与管护方面形成一体化机制;四、需要改变长期以来农村产业结构与产业业态单一的格局,实现乡村业态的多元化和产业结构的多样化;五、拓宽增收渠道并丰富农民收入的结构成分,形成可持续的收入增长机制。

第五,乡村振兴与城乡融合发展是新时代解决发展不平衡不充分问题的关键举措。城市和乡村是荣辱与共的命运共同体,二者相互促进、相互支撑,方能促进城乡协调发展。在全面推进乡村振兴战略的过程中，要坚持城乡融合发展的路径，分别从权利、公平和效率三个角度促进乡村振兴战略的优化。从权利的角度来讲，生活在城市和乡村的居民均享有发展的基本权利，要坚决落实以人为中心的发展理念，切实促进城乡居民共享发展成果；从公平的角度来讲，构建新型城乡关系与深入实施乡村振兴战略是辩证统一的关系，构建新型工农城乡关系要求消除不平等的城乡二元发展体制，实现城乡之间的有机融合，促进城乡居民公平分享发展的机会；从效率的角度来讲，促进城乡融合发展和全面推进乡村振兴，需要充分发挥市场在城乡资源配置中的决定性作用，更好发挥政府的调控作用，从而提高要素的配置效率和配置水平，以城乡融合促进乡村全面振兴。

　　本书是集体研究的成果。赵晓峰、李卓、邢成举等负责课题研究的总体框架制定和书稿的统稿、定稿与校稿工作，本书的第一章《乡村振兴与城乡融合发展：历史追溯与时代主题》由赵晓峰、周思聪、任雨薇完成，第二章《探索与创新：城镇化与城乡融合发展》由马锐、赵晓峰完成，第三章《城乡基本公共服务均等化与差别化：城乡融合发展的重点领域》由姜莹完成，第四章《互动与互嵌：城乡融合发展的政策框架》由邢成举完成，第五章《权利、公平与效率：城乡融合视角下乡村振兴战略的优化》由李卓完成，第六章《结语与展望》由李卓、赵晓峰完成。中国农业大学国家乡村振兴研究院组织了本丛书的编写工作，西北农林科技大学人文社会发展学院和黄河流域乡村振兴研究与评估中心共同组织了本课题的研究和成果的撰写。本书的出版还得到了湖南人民出版社黎红霞等编辑同仁的专业支持。

本书编写组